财经法治

投服中心系列丛书
China Securities Investor Services Center

投资者权益知识

2021年

郭文英◎主编

Interests and Rights of Investors

法律出版社
LAW PRESS·CHINA
北京

图书在版编目(CIP)数据

投资者权益知识. 2021年 / 郭文英主编. -- 北京 : 法律出版社, 2021

ISBN 978 - 7 - 5197 - 6142 - 4

Ⅰ. ①投… Ⅱ. ①郭… Ⅲ. ①投资－经济法－基本知识－中国 Ⅳ. ①D922.29

中国版本图书馆CIP数据核字(2021)第221404号

投资者权益知识(2021年)
TOUZIZHE QUANYI ZHISHI (2021 NIAN)

郭文英 主编

策划编辑 陈 妮
责任编辑 陈 妮 黄 筝
装帧设计 李 瞻

出版发行 法律出版社
编辑统筹 法治与经济出版分社
责任校对 晁明慧
责任印制 吕亚莉
经 销 新华书店

开本 787毫米×1092毫米 1/16
印张 10.25 字数 188千
版本 2021年12月第1版
印次 2021年12月第1次印刷
印刷 固安华明印业有限公司

地址:北京市丰台区莲花池西里7号(100073)
网址:www.lawpress.com.cn
投稿邮箱:info@lawpress.com.cn
举报盗版邮箱:jbwq@lawpress.com.cn

销售电话:010－83938349
客服电话:010－83938350
咨询电话:010－63939796

书号:ISBN 978－7－5197－6142－4
定价:68.00元

凡购买本社图书,如有印装错误,我社负责退换。电话:010－83938349

投资者权益知识

Interests and Rights of Investors

总 序

2018年金秋，中证中小投资者服务中心（以下简称投服中心）主编的“投服中心系列丛书”终于与大家见面了。投服中心是中国证监会直属的证券金融类公益机构，成立3年来，不忘初心，始终坚守保护中小投资者合法权益的使命，积极探索投资者保护新路径，努力引导投资者理性投资、全面知权、积极行权、依法维权。“投服中心系列丛书”的出版是对“知权、行权、维权”工作的一个总结，希望借此契机能凝聚一批法学学者、市场实务人士等专家对资本市场的热点难点问题进行长期的探讨研究。

自2014年成立以来，投服中心在中国证监会党委的领导和部署下，在证监会投资者保护局的指导和相关部门、各派出机构的支持下，在证监会系统兄弟单位和社会各界的大力支持下，从中小投资者权益保护和救济诉讼的实际需求出发，创新了一套适合我国资本市场中小投资者保护的机制和实现路径——以投资者教育工作为基础，通过事前持股行权、事中纠纷调解、事后支持诉讼来切实维护广大中小投资者的合法权益。投资者是资本市场发展的重要基石，培育良好的投资者群体，保护好广大中小投资者合法权益，是促进资本市场健康发展的重要一环，直接关系维护社会的公平正义，直接关乎亿万人民群众的切身利益。但中国资本市场的中小投资者既是数量上的多数，又是专业知识、投资理念、维权能力等方面的“弱势少数”，因此，中小投资者合法权益时常受到漠视甚至侵害。长期以来，中小投资者权益保护问题既是资本市场的一个宏观问题，又是要落实到每位投资者身上的微观问题。如何从立法层面更细致地规定中小投资者保护的内容，形成法律、行政法规、部门规章及操作性指引；如何从司法层面推动示范判决制度、探索强制调解机制等制度的建设；如何从监管层面创新机制，加大对侵害中小投资者合法权益的违法违规行为的打击和惩罚力度，更多地保护中小投资者的合法权益；如何帮助中小投资者树立权利意识，建立长期投资、价值投资理念，强化风险意识，提高维权能力。这些问题的解决都不是一蹴而就的,我们需要扎根于中国资本市场的土壤,需要政策、法律的研究,需要投保机制的创新,需要与广大中小投资者面对面地交流。为此,投服中心出版系列丛书,以投服中心工作为蓝本,研究了一些热点问题,探索了一条"投服模式"的投资者保护道路,积累了一些经验分享给读者。

"投服中心系列丛书"由《投资者权益知识读本》《持股行权案例评析》《纠纷调解案例评析》《支持诉讼案例评析》《投服研究》等书组成。其中《投资者权益知识读本》登载的"权益360"系列文章,根据我国资本市场和广大投资者的实际情况,接地气、聚人气,本着知识性、实用性、趣味性的宗旨,为投资者普及权益知识。《持股行权案例评析》《纠纷调解案例评析》《支持诉讼案例评析》汇集了投服中心持股行权、纠纷调解及支持诉讼工作中具有代表性的实际案例,旨在进一步发挥投服中心示范引领作用,唤醒广大中小投资者的股东意识,督促上市公司提高依法运营水平;以及进一步探讨在全国范围内的建立调解合作、小额速调、诉调对接、证券支持诉讼示范判决等机制。《投服研究》选取了投服中心课题中较为突出的研究报告,包含投资者交易行为研究、上市公司章程反收购条款效力研究、证券市场投资者保护条例等一系列资本市场热点、难点问题的研究。"投服中心系列丛书"综合了普及性、专业性及学术性的特点,面向广大投资者、上市公司及专家学者等群体,期望与其一道共同推动中小投资者权益保护工作。

我们希望,"投服中心系列丛书"是一涓细流,能不断汇集中国资本市场土壤上的经验与创新机制,不断丰富学术理论,不断普及权益知识。我们相信,中国中小投资者保护事业能在资本市场各方的努力下,共同谱写新的篇章。

2018年8月

前 言

中证中小投资者服务中心(以下简称投服中心)的主要职责之一,是面向广大投资者开展投资者教育。作为中国资本市场投资者保护的专门性公益机构,投服中心牢固树立“以人民为中心”的发展理念,在为中小投资者提供宣教服务的道路上不断探索实践。

开展投资者权益教育,需要直接从权益保护的角度开展普及工作,弥补投资者权益知识“短板”,并引导投资者通过理性的方式,有效地、积极地行使和维护自身权益,从而主动抵制资本市场的违法违规行为。针对市场投资者教育的薄弱环节和投资者的迫切需要,投服中心率先提出了“知权、行权、维权”的投资者教育理念,倾力打造了“权益360”特色品牌。“知权、行权、维权”贯穿了投资者投资的事前、事中和事后全过程,全面保护投资者合法权益。

本书所登载的“权益360”系列文章,力争根据我国资本市场和广大投资者的实际情况,接地气、聚人气,本着知识性、实用性、趣味性的宗旨,为投资者普及权益知识。

“知权”就是帮助投资者了解自己拥有法律赋予的哪些权利。根据我国《证券法》《公司法》等相关法律的规定,证券市场的投资者主要有以下权利:首先,当中小投资者购买上市公司股票成为其股东时,便拥有了股东的身份及股东资格,对公司的基本情况拥有知情权;其次,作为上市公司的股东,中小投资者拥有相应的财产权,如利润分配权、股份认购转让请求权、异议股东股份回购请求权、剩余财产分配权等;再次,作为股东,投资者可以直接参与公司治理,在股东大会上行使表决权、质询权,甚至可以自行召集和主持股东大会;最后,股东拥有诉讼的权利,包括提起直接诉讼及派生诉讼的权利,以便在自身权益或公司利益受到损害时获得救济。虽然投资者拥有诸多法律规定的权利,但违法违规的市场主体往往会使用一些侵权手段,故投资者需要有比较清醒的认识,以此提高风险防范意识。对这一部分内容,主要通过“知识问答”的形式展现,力图采用简单易懂、轻松活泼的语言,回答广大投资者迫切关心的问题,普及投资者权益知识和可能造成侵权的违法违规行为相关知识。

“行权”就是帮助投资者了解权利的行使规则和路径。投服中心示范、引领投资者发现上市公司资本运营过程中可能存在的问题,通过多种方式进行现场和非现场行权,鼓励广大中小投资者共同参与上市公司治理。这一部分,通过实务讲解与投服中心示例相结合的方式,不仅向投资者介绍可操作的行权的途径和相关知识,还通过一系列投服中心公开发声的行权案例,为投资者提供专业的行权示范,供投资者参考。

“维权”就是帮助投资者了解权益受损后的维权方式和途径。投服中心主要开展纠纷调解和支持诉讼两大相关业务,切实维护中小投资者的合法权益:纠纷调解服务创造了一系列新型调解机制,解决投资者实际面临的与上市公司、证券期货经营机构、侵权行为人之间的各种纠纷问题;支持诉讼则是在中小投资者走诉讼道路需要花费巨大时间和金钱成本的情况下,为其维权提供的良好的救济渠道。这一部分,通过讲解相关法律知识、解析调解和诉讼案例,帮助投资者通过实例了解依法维权的方式、方法,提高投资者理性维权的意识和能力。

本书希望通过知识普及、案例讲解的方式,为中小投资者提供差异化、有针对性的投资者权益教育服务,缓解资本市场投资者权益教育匮乏的现状,唤醒中小投资者的股东意识、权利意识,帮助投资者实现从“股民”向“股东”转变,让投资者认识到自己既是“证券投资者”,又是“金融消费者”,使投资者从“无序维权”向“依法维权”转变,目的是供广大中小投资者“全面知权,积极行权,依法维权”。由于编者水平有限,本书难免出现错漏之处,敬请各位读者、同行及专家批评指正。

目　　录

第一章　股东权益知多少

第四章　投服研究

第一章

股东权益知多少

Interests and Rights of Investors

第一节　上市公司信息披露知多少

信息披露文件概述

小费阿姨：小钟老师，2019年修订的《证券法》实施有段时间了，我看好多专家都说信息披露专章很重要。但是我对信息披露的各种文件一直不是很清楚，总是一头雾水！

小钟老师：小费阿姨，我今天就打算给您讲解信息披露文件。我们先来说说什么是信息披露。

小费阿姨：好，我拿本子记一下。

小钟老师：2019年修订的《证券法》明确提出了全面施行股票发行注册制。在这一背景下，信息披露显得越来越重要，它也是注册制改革的核心内容之一。那么，什么是信息披露呢？信息披露，是指上市公司以公告形式，将公司重大事件、财务数据等信息对投资者和社会公众公开披露，其是上市公司与社会公众全面沟通的桥梁。

小费阿姨：您讲得很专业，可以用更容易理解的方式讲一下吗？

小钟老师：打个比方，我们去市场买菜时一般看两个信息：一是看菜价；二是看菜的质量。买卖股票与我们买菜有相似之处，一般也要看两个信息：一是公司股价；二是公司好坏。公司好坏就相当于菜的质量。公司股价信息比较容易获得，那如何得知公司好与不好呢？主要就是依靠上市公司信息披露。

小费阿姨：我懂了，怪不得说信息披露很重要呢！但信息披露的文件好像很繁杂，您能帮我梳理吗？

小钟老师：一般来说，信息披露文件主要包括招股说明书、募集说明书、上市公告书、定期报告和临时报告等。招股说明书、募集说明书、上市公告书这三种公告一般是发行人在公开发行股票或债券时发布。如招股说明书,就是投资者获取发行人基本信息的主要途径之一,它是发行人就募股事宜发布的书面通告。发行之前,发行人应当在中国证监会网站将招股说明书申报稿预先披露。

小费阿姨:那定期报告都包括哪些公告呢?

小钟老师:定期报告是上市公司根据信息披露有关规定要求,在特定的时间段发布的公告。定期报告有三种类型,分别是年报、半年报和季报,其中季报又包括一季度报告和三季度报告。

小费阿姨:那临时公告又包括哪些公告呢?

小钟老师:临时公告包括的内容和形式较广泛。当发生可能对上市公司证券及其衍生品种交易价格产生较大影响的重大事件,投资者尚未得知时,上市公司应当立即将该重大事件向中国证监会和交易所报送临时报告,并予以公告,说明事件的起因、目前的状态和可能产生的影响。具体说来,临时公告,可以分为交易性质的公告和非交易性质的公告。交易性质的公告主要包含应披露的交易和关联交易等相关公告;非交易性质的公告主要包括股东信息公告、三会(股东会、董事会、监事会)决议公告、公司重大信息的有关公告等。

小费阿姨:那我们投资者要去哪里查看这些信息披露文件呢?

小钟老师:投资者可以登录沪深交易所官方网站查询,也可以通过符合证监会规定条件的媒体获取,如《金融时报》《经济参考报》《中国日报》《中国证券报》《证券日报》《上海证券报》《证券时报》等媒体及其依法开办的互联网站。

小费阿姨:好的,我都记在本子上了。

小钟老师:可以说,公告是上市公司信息披露的正式渠道,通过阅读公告可以较全面地了解上市公司基本面信息,也是投资者行使知情权的重要方式。建议您认真阅读上市公司通过以上正规渠道发布的公告信息,不要轻信社交论坛等非正式信息披露渠道的所谓"内幕消息"。

小费阿姨:明白,只有官方认可的渠道才有权威性嘛!今天真是学到不少知识呢!

小钟老师:您客气啦,今天我们只是讲了有关信息披露文件的基本概况,接下来几个月我会对比较重要的信息披露文件进行逐一讲解,还请您持续关注。

年报信息披露知多少

小费阿姨：小钟老师，上次听你说了信息披露文件的概述，我收获了很多。现在我准备去看看关注的几家上市公司的年报。你能和我说说年报的信息披露什么样吗？我们投资者该怎样看年报呢？

小钟老师：小费阿姨，今天我们就来说说年报的信息披露。年报，就是年度报告，它是上市公司针对所有股东的年终工作汇报，也是投资者获取公司整体经营情况的主要途径之一。年报一般有两个版本，一种是年度报告摘要，其内容比较简单，另一种是年报的详细版本。年报可以在交易所网站、巨潮资讯网等查询。

小费阿姨：年度报告摘要主要有哪些内容呢？

小钟老师：年度报告摘要包括重要提示、公司基本情况、经营情况讨论与分析、附则等相关内容，年度报告摘要是年报的简化版，可以让投资者快速了解年报的关键信息，对公司情况有一个完整印象。如果想要全面了解该公司的经营成果、财务状况及未来发展规划，投资者应当到证监会指定媒体仔细阅读年度报告全文。

小费阿姨：详细版本的年度报告主要有哪些内容呢？

小钟老师：一份详细版本的年报主要由重要提示、目录和释义、公司简介和主要财务指标、管理层讨论与分析、公司治理、环境与社会责任、重要事项、股份变动及股东情况、优先股相关情况、债券相关情况、财务报告组成。这些在《公开发行证券的公司信息披露内容与格式准则第2号——年度报告的内容与格式(2021年修订)》中都有规定，对投资者投资决策有重大影响的信息，无论准则是否有明确规定，公司均应当披露。

小费阿姨：年报的这些不同部分都会披露哪些信息呢？

小钟老师：我们逐一来看：

1. “重要提示、目录和释义”提示重大风险、利润分配预案、披露备查文件的目录等，对可能造成投资者理解障碍及具有特定含义的术语作出通俗易懂的解释，披露备查文件的目录包括：载有相关人员签名并盖章的财务报表、签名并盖章的审计报告原件、报告期内公开披露过的所有公司文件的正本及公告的原稿，以及在其他证券市场公布的年度报告。

2. “公司简介和主要财务指标”提供公司名称、法定代表人、联系方式、注册地址等信息资料,以及截至报告期末公司近 3 年的主要会计数据和财务指标,包括但不限于:总资产、营业收入、归属于上市公司股东的净利润、归属于上市公司股东的扣除非经常性损益的净利润、归属于上市公司股东的净资产、经营活动产生的现金流量净额、净资产收益率、每股收益。

3.“管理层讨论与分析”对业务经营信息和财务报告数据,以及报告期内发生和未来将要发生的重大事项进行讨论与分析,以帮助投资者了解其经营成果、财务状况及未来可能的变化;介绍报告期内公司所处行业情况;介绍报告期内公司从事的业务情况;披露报告期内核心竞争力的重要变化及对公司所产生的影响;分析报告期内的主要经营情况,并应当披露对报告期内的主要经营情况产生重大影响以及未来会产生重大影响的事项;讨论和分析公司未来发展战略、下一年度的经营计划以及公司可能面对的风险,鼓励进行量化分析,对未来发展进行展望。

4.“公司治理”披露报告期内公司治理基本状况,说明控股股东、实际控制人在保证公司独立性的具体措施和相关情况,介绍报告期内股东大会、董事会召开、独立董事履职、董事会下设专门委员会的成员情况及其提出的重要意见建议、监事会监督情况等,披露董监高情况、母公司和主要子公司的员工情况;披露报告期内利润分配政策,特别是现金分红政策的制定、执行或调整情况;披露股权激励计划、员工持股计划或其他员工激励措施在报告期的具体实施情况;披露报告期内的内部控制制度建设及实施情况,对子公司的管理控制情况等。

5.“环境和社会责任”披露主要环境信息(属于环境保护部门公布的重点排污单位的),鼓励公司结合行业特点,主动披露积极履行社会责任的工作情况;鼓励公司积极披露报告期内巩固拓展脱贫攻坚成果、乡村振兴等工作具体情况。

6.“重要事项”披露上市公司及其子公司发生的重大事项,包括相关方承诺事项,控股股东及关联方非经营性占用资金情况,重大诉讼、仲裁事项,审计聘任、解聘会计师事务所的情况,报告期内发生的破产重整相关事项,公司及其董监高、控股股东、收购人等受调查、处罚等情况,控股股东及实际控制人诚信状况,重大关联交易,重大合同及其履行情况等。

7.“股份变动及股东情况”披露报告期内股份变动和证券发行与上市情况,股东及实际控制人情况,股份回购在报告期的具体实施情况等。

8.“优先股相关情况”披露截至报告期末近 3 年优先股的发行与上市、利润分配等情况。

9.“债券相关情况”披露所有在年度报告批准报出日存续的债券情况。

10.“财务报告”披露审计报告正文和经审计的财务报表。

小费阿姨：谢谢小钟老师！我对年报的信息披露有了初步的了解。

小钟老师：不客气。您也可以多多浏览“中国投资者网”(https://www.investor.org.cn/)进一步学习与了解。

浅谈半年报和季报

小费阿姨：小钟老师，上期听您讲年报真是收获满满。我们中小投资者把真金白银投入上市公司，就像把辛苦养大的女儿嫁出去，对这个“女婿”必须得花时间精力好好考察，非家大业大有实力或者具备核心竞争力、主营业务潜力巨大的不嫁。通过阅读年报，我们就能比较充分地掌握上市公司公司治理、业务经营及资产负债情况，筛选出优秀投资标的。但是，一个会计年度才出一期年报，在非年报披露期间想要持续跟踪某上市公司经营成果和财务状况，有其他信息披露文件可供查阅吗？

小钟老师：小费阿姨，这里得夸夸您风险意识很到位。投资不是一锤子买卖，企业经营与财务状况会随着时间发生变动，作为投资者也要学会持续关注这些变化。除了年报，上市公司还会定期发布半年度报告（以下简称半年报）和季度报告（以下简称季报），半年报在每个会计年度的上半年结束之日起 2 个月内披露，季报在每个会计年度第 3 个月、第 9 个月结束后 1 个月内编制完成并披露。半年报和季报可以帮助投资者跟进上市公司阶段性经营情况。

小费阿姨：那半年报和季报，跟年报有什么区别呢？

小钟老师：首先，在内容上，年报设置了公司简介和主要财务指标、经营情况讨论、公司治理等 12 章节，对上市公司描述最全面、清晰和翔实。半年报内容设置与年报相似，但是没有单独设置公司治理章节，具体事项报告也没有年报详尽。季报在三者中最简略，主要包括重要提示、公司基本情况、重要事项 3 部分内容并附季度财务报表。

其次，报告期间不同。季报体现企业年初到该季度末的经营成果，半年报和年报分别体现年初到上半年末和年末的经营成果。对投资者来说，通过季报和半年报预测企业全年业绩，需要清楚季报和半年报公布的业绩只是整个会计年度业绩组成部分，从会计实质上看并不存在严格的 1/4、1/2 或 3/4 的算术比例关系。抛开企业短期经营策略影响，一方面，上市公司本身可能处在受季节周期影响较大行业；另一方面，根据会计准则，许多业务和事项的会计处理是以一个会计年度作为确认、计量和报告的依据，只会出现在年报中，在半年报和季报里不体现。所以，相对合理的当期业绩评价方式，是参考对比企业上年度同期半年报和季报业绩情况。

小费阿姨：太好了！除了上市公司年报，我们在投资决策上又多了半年报和季报可以作为参考。

小钟老师:这里需要提醒您注意的是,年报、半年报和季报是否需审计后才能披露,监管部门规定存在差异:年报中的财务报告应当经具有证券期货相关业务资格的会计师事务所审计,审计报告应当由该所至少两名注册会计师签字;半年报一般情况下无须审计,除非上市公司拟在下半年进行利润分配、以公积金转增股本、弥补亏损,或存在根据中国证监会或者交易所有关规定,应当进行审计的其他情形;季报没有要求必须经注册会计师审计。因此,年报提供的资料信息最全面,在可信程度上也最高,半年报和季报可信度相较年报有所不及,您在根据半年报和季报作出投资决策时应格外谨慎。

小费阿姨:感谢小钟老师提醒,我会通过年报、半年报和季报,对企业经营和发展情况,也就是基本面,形成一个较全面清晰的认识,再结合最近几期的财务报表做进一步分析验证,进而综合判断目标公司会不会是一个优秀的“女婿”。

小钟老师:小费阿姨,您真是一点就通。定期报告包含的年报、半年报和季报内容就给您介绍到这里,下次咱们再聊聊上市公司业绩预告、快报的相关内容,您有空也可以通过浏览“中国投资者网”(https://www.investor.org.cn/)进行更深入的学习。

浅谈业绩预告、快报及修正

小费阿姨:小钟老师,最近我在研究上市公司的各类报告,记得您之前提过"理性投资"的概念,在知其然的情况下,还要知其所以然,所以我最近打算先从上市公司的各类报告开始建立自己的上市公司价值评价体系。

小钟老师:您能有这样的理念真是太棒了。上市公司的各类报告和公告比较能反映上市公司业务的真实水平,通过浏览具备证券市场信息披露条件的媒体、上海证券交易所、深圳证券交易所等官方网站可以查到各大上市公司按时披露的各项报告和公告。

小费阿姨:对年报、季报,我有一定了解了,最近我浏览深圳证券交易所官方网站时,发现我关注的一家上市公司发布了业绩预告。想请问一下小钟老师,这个业绩预告是什么呢?

小钟老师:根据深圳证券交易所于 2020 年 2 月 28 日发布的《关于发布〈深圳证券交易所上市公司规范运作指引(2020 年修订)的通知〉》(深证上〔2020〕125 号)的规定,上市公司董事会应当密切关注发生或者可能发生对公司经营成果和财务状况有重大影响的事项,及时对公司第一季度、半年度、前三季度和年度经营业绩和财务状况进行预计。也就是说,当公司将有重大事情发生时,应针对该事项作出业绩预告。

小费阿姨:具体有哪些情况需要上市公司发布业绩预告?

小钟老师:依据《关于发布〈深圳证券交易所上市公司规范运作指引(2020 年修订)的通知〉》,具体来说,如果上市公司本报告期或未来报告期有以下几种情形的,应当及时进行预告:(1)净利润为负值;(2)实现扭亏为盈;(3)实现盈利,且净利润与上年同期相比上升或下降 50% 以上;(4)期末资产为负值;(5)年度营业收入低于 1000 万元人民币。而上海证券交易所的规定与深圳证券交易所不同,根据《上海证券交易所股票上市规则(2020 年 12 月修订)》规定,没有上述(4)(5)两项;依据《上海证券交易所科创板股票上市规则(2020 年 12 月修订)》,没有上述(2)(4)(5)三项。

小费阿姨:这样看来,业绩预告还是挺值得关注的。毕竟它代表了上市公司对于自身业绩的预测。

小钟老师：您理解得没错。根据深圳证券交易所的规定，上市公司应当合理、谨慎、客观、准确地披露业绩预告，明确业绩的变动范围、盈亏金额区间等，不得采用措辞模糊的表述，公司可以通过区间或确数两种方式进行业绩预测。所以，在这里也提醒您，下次看到这样的业绩预告时可以多留一个心眼。

小费阿姨：这样我就明白了。另外，既然您也提到了这是预告，是不是也会发生现实中没有发生预告所预提的事项呢？

小钟老师：当然有这样的可能。所以《深圳证券交易所上市公司规范运作指引（2020 年修订）》还规定了上市公司在发布业绩预告时，如存在不确定因素可能影响业绩预告准确性的，公司应当在业绩预告中作出声明，并披露不确定因素的具体情况及其影响程度。

上市公司后续也应当持续关注公司业绩情况或财务情况与此前预计状况是否存在较大差异，如果出现重大差异，需及时披露业绩预告修正公告。比如，上海证券交易所规定科创板上市公司如果发生本期业绩与业绩预告差异幅度达 20% 以上或盈亏方向发生变化的，应当及时披露更正公告。

小费阿姨：那我得赶快再去看看我关注的那家上市公司的业绩预告到底有什么内容。

小钟老师：您在关注业绩预告的同时，一定还要紧盯公司未来的发展趋势。

小费阿姨：好的。那业绩快报又是什么呢？和业绩预告又有什么差别呢？

小钟老师：业绩快报，具体是指在上市公司定期报告披露前，业绩被提前泄露或因业绩传闻导致公司股票及其衍生品交易异常波动的，公司应当根据《股票上市规则》的相关规定，及时披露业绩快报。

在业绩快报中，应当针对上市公司本期及上年同期营业收入、营业利润、利润总额、净利润、总资产、净资产、每股收益、每股净资产和净资产收益等数据和指标进行一一披露。

上市公司应当确保业绩快报中的数据和实际相比不存在重大差异。例如，上海证券交易所要求公司差异幅度达到 10% 就应披露业绩快报更正公告，且要说明具体差异及造成差异的原因；差异达到 20% 的，公司在披露相关定期报告的同时，还需要以董事会公告的形式进行致歉，说明对公司内部责任人的认定情况。

小费阿姨：可不可以这样理解，业绩预告是上市公司根据已有信息预测未来发生的重大事件带来的影响，而业绩快报则是为当重大影响已经发生时，公司所作的回应。

小钟老师:您这样理解当然是没问题的,同时还需要提醒您关注,不同交易所的相关规定会有一定差异;并且上市公司及其董事、监事、高级管理人员应当对业绩预告、业绩快报及修正公告的披露准确性负责,确保披露情况与公司实际情况不存在重大差异,且不得利用业绩预告、业绩快报及修正公告误导投资者,从事内幕交易和操作市场行为。您也可以浏览咱们的“中国投资者网”(https://www.investor.org.cn/)进一步学习与了解更多的专业知识。

业绩说明会知多少

小费阿姨：小钟老师，上次您讲解了业绩预告、快报及修正知识之后，我也上网搜索了相关信息，注意到一个关键词“业绩说明会”。我寻思这业绩说明会应该也是上市公司发布其经营业绩情况的一种方式，所以今天特意来向您请教相关知识。

小钟老师：十分乐意为您解答！为促进上市公司与投资者之间的良性关系，证监会及沪深交易所一直以来积极推动上市公司召开业绩说明会。业绩说明会一般在年报披露后召开，对所处行业状况、发展战略、财务状况和经营业绩及投资者关心的其他问题进行解释和解答。

小费阿姨：看来业绩说明会是投资者深入了解上市公司的一种良好方式。那么，上市公司在什么情况下需要召开业绩说明会呢？

小钟老师：根据中国证监会2005年发布的《上市公司与投资者关系工作指引》规定，公司可在定期报告结束后，举行业绩说明会，或在认为必要时与投资者、基金经理、分析师就公司的经营情况、财务状况及其他事项进行一对一的沟通，介绍情况、回答有关问题并听取相关建议。

沪深证券交易所对业绩说明会均制定了相关要求，接下来我向您一一介绍。上海证券交易所鼓励上市公司根据自身情况，自愿召开业绩说明会。当上市公司当年现金分红水平触及《上海证券交易所上市公司现金分红指引》第8条、第10条和第11条规定时，应当在当年度股东大会股权登记日之前召开业绩说明会或者现金分红说明会，就现金分红方案的相关事宜予以重点说明。参与投资者说明会的上市公司人员至少应当包括公司董事会秘书和财务负责人。此外，根据上海证券交易所《关于进一步加强上市公司投资者关系管理工作的通知》，上市公司相关重大事项受到市场高度关注或质疑的，除应当按照上市规则及时履行信息披露义务外，还应当通过现场、网络或其他方式召开说明会，上市公司董事长、总经理、董事会秘书、财务总监或其他责任人应当参加说明会。

根据深圳证券交易所发布的《上市公司规范运作指引(2020年修订)》规定，深交所鼓励上市公司在年度报告披露后15个交易日内举行年度报告说明会，由公司董事长(或者总经理)、财务负责人、独立董事、董事会秘书、保荐代表人出席，对公司所处行业状况、发展战略、生产经营、财务状况、风险与困难等投资者关心的内容进行说明。

小费阿姨:小钟老师,根据我以往参加股东大会的经验,上市公司也应在召开业绩说明会前发布公告预告会议有关情况吗?

小钟老师:没错! 看来您参与行权的经验已经十分丰富了。拟召开业绩说明会的上市公司应按照要求发布召开通知,预告说明会的具体事项,内容包括:召开日期及时间、召开方式、公司出席人员名单等。投资者可关注沪深证券交易所网站及中国证监会指定信息披露媒体,了解上市公司业绩说明会的相关动态。

小费阿姨:那么,我们中小投资者可以通过什么方式参与业绩说明会呢?

小钟老师:上市公司可通过现场、网络、电话等方式举办业绩说明会。近年来,沪深交易所均鼓励上市公司以网上直播形式主动召开业绩说明会。上海证券交易所要求上市公司在召开业绩说明会前及召开期间为投资者开通提问渠道。上市公司也应该在说明会上对投资者关注的问题予以答复。为确保上市公司信息披露的公平性,上海证券交易所要求,上市公司未以网络形式向投资者实时公开的,应该在中国证监会指定的媒体上发布公告或者通过上证所信息网络有限公司的服务平台全面如实地向投资者披露说明会的召开情况。深圳证券交易所也要求上市公司在业绩说明会、分析师会议等投资者关系活动结束后两个交易日内,编制投资者关系活动记录表,并将该表及活动过程中所使用的演示文稿、提供的文档等附件(如有)及时在“互动易”刊载。

小费阿姨:看来上市公司业绩说明会也是投资者深入了解公司经营情况的重要渠道,我也要做好功课,争取能够积极主动发声。

小钟老师:凭您认真学习钻研的劲头,我相信您一定会成为一名合格股东。更多投资者权益知识,您可以浏览“中国投资者网”(https://www.investor.org.cn/)。

临时报告知多少

小费阿姨:小钟老师,通过这段时间的学习,我对定期报告有了比较系统的认识,收获颇丰。

小钟老师:小费阿姨,有关定期报告的讲解到今天就告一段落了。今天我要向您说说有关临时报告的内容。

小费阿姨:我要抢答,上市公司披露的定期报告、上市公告之外的其他公告就是临时报告,对不对?

小钟老师:确实是这样的。根据《中华人民共和国证券法》(以下简称《证券法》)第 80 条的规定,可能对上市公司、股票在国务院批准的其他全国性证券交易场所交易的公司的股票交易价格产生较大影响的重大事件,在投资者尚未得知时,公司应当立即将有关该重大事件的情况向国务院证券监督管理机构和证券交易场所报送临时报告,并予公告,说明事件的起因、目前的状态和可能产生的法律后果。

小费阿姨:具体而言,重大事件指的是什么呢?

小钟老师:重大事件是指:(1)公司的经营方针和经营范围的重大变化;(2)公司的重大投资行为,公司在一年内购买、出售重大资产超过公司资产总额 30%,或者公司营业用主要资产的抵押、质押、出售或者报废一次超过该资产的 30%;(3)公司订立重要合同、提供重大担保或者从事关联交易,可能对公司的资产、负债、权益和经营成果产生重要影响;(4)公司发生重大债务和未能清偿到期重大债务的违约情况;(5)公司发生重大亏损或者重大损失;(6)公司生产经营的外部条件发生重大变化;(7)公司的董事、1/3 以上监事或者经理发生变动,董事长或者经理无法履行职责;(8)持有公司 5% 以上股份的股东或者实际控制人持有股份或者控制公司的情况发生较大变化,公司的实际控制人及其控制的其他企业从事与公司相同或者相似业务的情况发生较大变化;(9)公司分配股利、增资的计划,公司股权结构的重要变化,公司减资、合并、分立、解散及申请破产的决定,或者依法进入破产程序、被责令关闭;(10)涉及公司的重大诉讼、仲裁,股东大会、董事会决议被依法撤销或者宣告无效;(11)公司涉嫌犯罪被依法立案调查,公司的控股股东、实际控制人、董事、监事、高级管理人员涉嫌犯罪被依法采取强制措施;(12)国务院证券监督管理机构规定的其他事项。

另外,公司的控股股东或者实际控制人对重大事件的发生、进展产生较大影响的,应当及时将其知悉的有关情况书面告知公司,并配合公司履行信息披露义务。

小费阿姨:那么发生可能对上市交易公司债券的交易价格产生较大影响的重大事件,是不是也要披露呢?

小钟老师:没错!当投资者尚未得知时,公司应当立即将有关该重大事件的情况向国务院证券监督管理机构和证券交易场所报送临时报告,并予公告,说明事件的起因、目前的状态和可能产生的法律后果。这里的重大事件包括:(1)公司股权结构或者生产经营状况发生重大变化;(2)公司债券信用评级发生变化;(3)公司重大资产抵押、质押、出售、转让、报废;(4)公司发生未能清偿到期债务的情况;(5)公司新增借款或者对外提供担保超过上年末净资产的 20%……

详细内容您可以查看《证券法》第 81 条。

小费阿姨:您讲的这些太专业了,我记不住呀!

小钟老师:您别急,我将为您详细讲解有关公司重要信息变更、权益变动(分派、增减持、收购)、股权激励、股份回购、应当披露的交易、再融资、重大资产重组、可转债、公司债、公司合并等有关临时报告的具体内容,请您持续关注。

小费阿姨:那临时报告的披露时点是怎样的?

小钟老师:根据《上市公司信息披露管理办法(2021 年修订)》,上市公司应当在最先发生的以下任一时点,及时履行重大事件的信息披露义务:(1)董事会或者监事会就该重大事件形成决议时;(2)有关各方就该重大事件签署意向书或者协议时;(3)董事、监事或者高级管理人员知悉该重大事件发生时。

还需关注的是,在前款规定的时点之前出现下列情形之一的,上市公司应当及时披露相关事项的现状、可能影响事件进展的风险因素:(1)该重大事件难以保密;(2)该重大事件已经泄露或者市场出现传闻;(3)公司证券及其衍生品种出现异常交易情况。

小费阿姨:好的,我知道了!那我们可以去哪里查看临时报告呀?

小钟老师:可以通过沪深证券交易所官方网站查询,也可以通过符合证监会规定条件的媒体获取这些信息,如《金融时报》《经济参考报》《中国日报》《中国证券报》《证券日报》《上海证券报》《证券时报》等媒体及其依法开办的网站。

需要注意的是,信息披露义务人不得以定期报告形式代替应当履行的临时报告义务。

小费阿姨：谢谢您！期待接下来的交流与学习！

小钟老师：不客气！您也可以浏览咱们的“中国投资者网”（https://www.investor.org.cn/）进一步学习与了解。

公司重要基本信息变化披露知多少

小费阿姨:小钟老师好久不见!之前我们说到了年报、半年报、季报、业绩预告等文件的信息披露,我收获很多。我现在想了解披露的具体内容,您能和我详细说说吗?

小钟老师:当然可以。之前我们提到的各种公告会对上市公司的各种情况进行信息披露,今天我们就从上市公司重要基本信息变化说起。当上市公司的重要基本信息发生了变化,需要进行相应的信息披露。

小费阿姨:上市公司的重要基本信息变化主要有哪些呢?

小钟老师:上市公司的重要基本信息变化包括变更公司名称、变更证券简称、变更证券代码、变更注册资本、变更注册地址、主要办公地址和联系电话变更、公司章程发生修订、变更会计师事务所、续聘会计师事务所、变更会计政策或者会计估计、变更保荐机构、变更保荐代表人、公司董事长/法定代表人辞职、公司董事、监事、高级管理人员(董事长和董秘除外)辞职、董事会秘书辞职、其他应披露的基本信息变化等。这些信息都需要及时进行信息披露,投资者可以从上市公司的临时公告等文件中了解到这些基本信息的变化。

小费阿姨:这些信息也是我们投资者非常关注的信息。那么和这些重要基本信息变化相关的公告,我该如何看呢?

小钟老师:我们以上海证券交易所的上市公司为例。

例如:一家上市公司变更了公司简称,发布了“××股份有限公司变更证券简称公告”,在这份公告里我们可以看到很多关于公司变更简称的具体内容。

首先,这份公告披露了涉及该事项的董事会召开情况、审议表决结果,如有董事投票反对、弃权的,在公告中会披露董事反对、弃权的具体理由。此外,涉及变更公司全称的,还会有股东大会的审议情况。

其次,上市公司简称的变更往往隐含了丰富的信息,投资者需要重点关注。公告里会披露上市公司董事会变更证券简称的理由,并详细说明其合理性和必要性。例如,主营业务是否发生重大变化,发展战略是否发生重大调整,实际控制人是否发生变更等,如该上市公司变更证券简称与拟发展的新业态、新技术、新模式、新行业等有关,公告会披露相关具体情况、在公司整体业务中所占的比重及其对公司生产经营的影响等。这些都是投资者关注的信息。

此外,若证券简称变更反映公司已经实际开展的新业务,但其营业收入占公司最近一个会计年度经审计营业收入低于30%的,公告将披露其合理性、必要性以及相关业务的开展情况或实施进展并予以风险提示。

小费阿姨:您这样一说,我就清楚多了!

小钟老师:再如,一家上市公司的会计政策发生了变更,发布了“XX股份有限公司会计政策变更公告”,在这份公告里我们可以看到很多关于会计政策变更的具体内容。

首先,上市公司在这份公告里披露了对会计政策变更的简要阐述、变更的日期、变更前采用的会计政策和变更后所采用的新会计政策及会计政策变更的原因。

其次,还披露了财务报表中受影响的项目名称和金额,这也是投资者们需要重点关注的信息。上市公司会披露采用追溯调整法,计算出的会计政策变更的累积影响数,以及当期和各个列报前期财务报表中需要调整的净损益及其影响金额,以及其他需要调整的项目名称和调整金额。如果无法进行追溯调整的,上市公司将披露无法进行追溯调整的事实和开始应用新会计政策的时点及具体应用情况等。

此外,公告里还会有独立董事、监事会和会计师事务所的结论性意见。

小费阿姨:谢谢小钟老师,让我对重要基本信息变化的信息披露有了更多的了解,看来我还要多读一些上市公司的公告才行!

小钟老师:不客气。您也可以多多浏览咱们的“中国投资者网”(https://www.investor.org.cn/)进一步学习与了解。

行业信息披露知多少

小费阿姨:小钟老师,我关注到深圳证券交易所发布了一个关于上市公司从事通信相关业务的行业信息披露指引,想问一下这个行业信息披露指的是什么呢?

小钟老师:行业信息披露指引,一般是交易所为保障投资者的合法权益,为进一步规范上市公司信息披露行为,根据不同行业差异制定的分行业信息披露指引,旨在提升信息披露的有效性、针对性。

小费阿姨:那我可以理解为这个行业信息披露指引是帮助投资者了解上市公司所处行业的特殊之处吗?

小钟老师:您说得没错,像沪深证券交易所都会针对不同的行业发布不同的行业信息披露指引。比如,上海证券交易所于 2021 年发布的《上海证券交易所上市公司自律监管规则适用指引第 5 号——行业信息披露》里,就对房地产、煤炭、电力、零售、汽车制造、医药制造、钢铁、建筑、光伏、服装、新闻出版、酒制造、化工、食品制造、家具制造、有色金属等行业进行规范指引。

深圳证券交易所也于近期发布了一系列上市公司从事食品及酒制造、电力、汽车制造、纺织服装、化工行业相关业务等信息披露指引。如果您感兴趣,那么可以针对想了解的上市公司所处行业,先去沪深证券交易所官网找找有没有关于该行业的信息披露指引。

小费阿姨:好的,我应该怎么去判断上市公司处于哪个行业?有的大型公司可能跨界从事多个行业,这样的公司应该怎么披露呢?

小钟老师:您可以根据中国证监会公布的公司行业分类归属去判断关注的公司属于哪个行业。如果上市公司同时从事多个行业,则需要分别参照相应各行业披露指引,履行信息披露义务。

小费阿姨:这个行业信息披露指引是针对所有上市公司吗?

小钟老师:当然。需要提醒您注意的是,根据上市公司所属交易所及对应板块,规定会有一定的差异。如上海证券交易所与深圳证券交易所都有自行制定的指引规范,且深圳证券交易所关于主板和创业板又有不同的要求。例如,深圳证券交易所于 2021 年 1 月初发布的《深圳证券交易所创业板行业信息披露指引第 14 号——上市公司从事通信相关业务》,以及《深圳证券交易所创业板行业信息披露指引第 15 号——

上市公司从事网络安全相关业务》,这两个就是专门针对创业板上市公司的。

小费阿姨:我可以在哪里看到这样的行业信息披露呢?

小钟老师:根据规定,上市公司应当在年度报告中结合所属行业的宏观因素、市场环境、发展状况、经营特点及公司的行业地位对公司的商业模式、竞争优势、经营成果、经营风险等能够反映自身投资价值的事项进行讨论和分析。上市公司可以在半年度报告中披露公司行业经营性信息,也可以每月或每季度披露反映行业特点的主要经营数据。当然,上市公司还应当以临时报告的形式,及时披露行业经营性事项的重大进展或变化。

小费阿姨:原来是这样,那我以后可得多留心看看。不过,我还是有点担心看不懂像这种与行业相关的专业术语。

小钟老师:您放心! 规定要求上市公司披露行业经营性信息时,应当使用简明易懂的语言,对行业专业术语、专业背景、行业知识等进行必要的介绍和解释说明,避免使用生僻用词或者术语,便于投资者,尤其是像您这样的中小投资者理解公司实际经营状况和风险信息。

小费阿姨:那我就放心了,以后还可以尝试按行业进行深入研究,更好地选择投资标的。

小钟老师:更多专业知识您也可以浏览“中国投资者网”(https://www.investor.org.cn/)。

表决权差异安排信息披露知多少

小费阿姨:小钟老师,好久不见!上次我们提到了股东大会的信息披露,我最近在看各种法律法规的时候,看到了“表决权差异”这个词,什么是表决权差异呢?

小钟老师:表决权差异安排,是指发行人在一般规定的普通股份之外,发行拥有特别表决权的股份。每一特别表决权股份拥有的表决权数量,大于每一普通股份拥有的表决权数量。除上市公司章程规定的表决权差异外,普通股份与特别表决权股份具有的其他股东权利完全相同。

目前,科创板、创业板、新三板都有关于表决权差异安排的规定,都规定了发行人在一般规定的普通股份之外,可以发行拥有特别表决权的股份,但在财务要求、运行规范等方面存在一定差异。

小费阿姨:作为投资者,我该如何了解上市公司表决权差异安排的情况呢?

小钟老师:对上市公司的表决权差异安排,需要依法进行信息披露。我们以创业板上市公司表决权差异安排的信息披露为例来具体地看。

投资者可以通过查阅公司章程来了解上市公司的表决权差异安排情况。上市公司设置表决权差异安排的,在公司章程中会规定特别表决权股份的持有人资格、特别表决权股份拥有的表决权数量与普通股份拥有的表决权数量的比例安排、持有人所持特别表决权股份能够参与表决的股东大会事项范围、特别表决权股份锁定安排及转让限制、特别表决权股份与普通股份的转换情形等事项。

除章程外,投资者还可以持续关注定期报告中关于表决权的内容。上市公司在定期报告中会持续披露特别表决权安排的情况和发生的重大变化。

交易所也会有特别表决权的相关规定,投资者可以关注学习。

小费阿姨:那么,创业板上市公司在定期报告中是怎样持续披露特别表决权安排的呢?

小钟老师:创业板上市公司具有表决权差异安排的,投资者可以在定期报告中看到该安排在报告期内的实施、股份变动、表决权恢复及行使情况等,特别是风险、公司治理等信息,以及该等安排下保护投资者合法权益有关措施的实施情况。

当出现特别表决权股份转换成普通股份,股东所持有的特别表决权股份被质押、冻结、司法拍卖、托管、设定信托或者被依法限制表决权,或者其他重大变化或者调整时，上市公司也应当及时披露，相关公告应当包含具体情形、发生时间、转换为普通股份的特别表决权股份数量、剩余特别表决权股份数量等内容。

小费阿姨：我听说具有表决权差异安排的创业板上市公司，在发布股东大会通知时也有要求。具体有何要求呢？

小钟老师：创业板上市公司应当在股东大会通知中列明持有特别表决权股份的股东、所持特别表决权股份数量及对应的表决权数量、股东大会议案是否涉及《创业板股票上市规则（2020 年 12 月修订）》中规定事项等情况。

小费阿姨：我听说具有表决权差异安排的创业板上市公司，监事会还要在年报中出具专项意见？

小钟老师：是的。创业板上市公司具有表决权差异安排的，监事会应当在年度报告中，应当就持有特别表决权股份的股东是否持续符合主体资格要求、特别表决权股份是否出现特殊股权转换为普通股权的情形、特别表决权比例是否持续符合规定、持有特别表决权股份的股东是否存在滥用特别表决权或者其他损害投资者合法权益的情形等出具专项意见。

小费阿姨：谢谢小钟老师！

小钟老师：不客气。您也可以多多浏览"中国投资者网"（https://www. investor. org. cn/）进一步学习与了解。

关联人与关联交易知多少（上）

小费阿姨:小钟老师,自从开始学习上市公司信息披露相关知识,我就在跟进上市公司的公告。昨天,A 上市公司披露一则《关于非经营性资金占用及违规担保事项的进展公告》,提到公司存在违规的关联人担保事项,你能给我讲讲这里面的门道吗?

小钟老师:小费阿姨,要看懂这则公告,需要理解关联人和关联交易这两个概念,其中关联人又分为关联法人(或者其他组织)和关联自然人两类。

具有以下情形之一的法人(或者其他组织),为上市公司的关联法人(或者其他组织):

(1)直接或者间接地控制上市公司的法人(或者其他组织);(2)由前项所述法人(或者其他组织)直接或者间接控制的除上市公司及其控股子公司以外的法人(或者其他组织);(3)关联自然人直接或者间接控制的或者担任董事、高级管理人员的,除上市公司及其控股子公司以外的法人(或者其他组织);(4)持有上市公司 5% 以上股份的法人(或者其他组织)及其一致行动人;(5)在过去 12 个月内或者根据相关协议安排在未来 12 月内,存在上述情形之一的;(6)中国证监会、证券交易所或者上市公司根据实质重于形式的原则认定的其他与上市公司有特殊关系,可能或者已经造成上市公司对其利益倾斜的法人(或者其他组织)。

具有以下情形之一的自然人,为上市公司的关联自然人:

(1)直接或者间接持有上市公司 5% 以上股份的自然人;(2)上市公司董事、监事及高级管理人员;(3)直接或者间接地控制上市公司的法人的董事、监事及高级管理人员;(4)上述(1)(2)项所述人士的关系密切的家庭成员,包括配偶、父母、年满 18 周岁的子女及其配偶、兄弟姐妹及其配偶,配偶的父母、兄弟姐妹,子女配偶的父母;(5)在过去 12 个月内或者根据相关协议安排在未来 12 个月内,存在上述情形之一的;(6)中国证监会、证券交易所或者上市公司根据实质重于形式的原则认定的其他与上市公司有特殊关系,可能或者已经造成上市公司对其利益倾斜的自然人。

小费阿姨:小钟老师,虽然你把关联法人和关联自然人的各种情况讲得很清楚,但我还是不太理解。

小钟老师:以上是《上市公司信息披露管理办法(2021 年修订)》(以下简称《信披管理办法》)关于关联法人和关联自然人的定义,给您举个简单的例子帮助理解:甲持有 B 公司 51% 的股份，B 公司持有 C 上市公司 15% 的股份，那么 B 公司是 C 公司的关联法人，甲是 C 公司的关联自然人，甲的妻子乙也属于 C 公司的关联自然人。现实中，关联法人和关联自然人的情况多种多样，有些关联人因为层层嵌套的股权设计，会比较隐蔽。为了限制规避监管进行利益输送的违法行为，《信披管理办法》采用了实质重于形式原则设置兜底条款，如果法人或自然人与上市公司有特殊关系，可能或者已经造成上市公司对其利益倾斜，就可以认定为关联人。

小费阿姨：关联人的定义我记下了，那么哪些交易属于关联交易呢？

小钟老师：关联交易，本质是指上市公司或者其控股子公司与上市公司关联人之间发生的转移资源或者义务的事项，形式也非常多，如购买或者出售资产、提供财务资助、提供担保、租入或者租出资产、债权债务重组、与关联人共同投资等。

您看到的 A 上市公司公告里的关联人担保也是关联交易的一种，但关联交易不等于违规交易。关联交易在市场经济条件下广泛存在，有利也有弊，好处是关联交易可以节约商业调研谈判等交易成本，弊端在于可能使交易方式和对价出现不公，从而侵害上市公司债权人和股东尤其是中小股东利益。

因此，通过全面规范关联交易的信息披露，让市场各方和中小股东参与监督非常重要。《信披管理办法》第 41 条规定，上市公司应当履行关联交易的审议程序，并严格执行关联交易回避表决制度。交易各方不得通过隐瞒关联关系或者采取其他手段，规避上市公司的关联交易审议程序和信息披露义务。

小钟老师：小费阿姨，今天讲的内容有点多，您可以回去先消化，咱们下次再聊聊关联交易的审议程序、回避程序和信息披露义务。

小费阿姨：好，咱们下次继续。

关联人与关联交易知多少(下)

小费阿姨:小钟老师,上次听您讲完关联人和关联交易的定义,我趁热打铁上网学习了相关内容,现在已经比较熟悉了。

小钟老师:小费阿姨您真是好学,有了上次的知识基础,咱们这次就展开讲讲关联交易的审批程序、回避程序和信息披露义务。《上市公司信息披露管理办法(2021年修订)》(以下简称《信披管理办法》)第41条规定,上市公司应当履行关联交易的审议程序,并严格执行关联交易回避表决制度。交易各方不得通过隐瞒关联关系或者采取其他手段,规避上市公司的关联交易审议程序和信息披露义务。

沪深证券交易所在股票上市规则中,制定具体规则落实《信披管理办法》第41条规定,我们以《上海证券交易所股票上市规则(2020年12月修订)》(以下简称《股票上市规则》)为例,《股票上市规则》规定上市公司董事会审议关联交易事项时,关联董事应当回避表决,也不得代理其他董事行使表决权。该董事会会议由过半数的非关联董事出席即可举行,董事会会议所作决议须经非关联董事过半数通过;上市公司与关联人发生的交易金额在3000万元以上,且占上市公司最近一期经审计净资产绝对值5%以上的关联交易,除应当及时披露外,还应当提供交易标的的审计或者评估报告,并将该交易提交股东大会审议。

小费阿姨:董事会审议通过关联交易提案的条件是两个“过半数”:过半数的非关联董事出席和过半数非关联董事表决通过。3000万元以上且占经审计净资产绝对值5%以上的重大关联交易,则必须提交股东大会审议。如果上市公司违反了上述规定通过关联交易提案,我们中小股东可以行使股东建议权和质询权进行监督。

小钟老师:您的股东权利意识很到位。除了行使建议权和质询权,上市公司股东还可以根据《中华人民共和国公司法》(以下简称《公司法》)规定的股东大会及董事会决议撤销诉讼权,请求人民法院撤销股东大会或董事会决议。

我们接着讲关联交易的回避程序。除了在董事会上,关联董事应当回避表决,同样在上市公司股东大会审议关联交易事项时,关联股东也应当回避表决。

小费阿姨:作为上市公司的小股东,我觉得这样的规则设计挺好,有助于避免关联董事和股东为了自身利益,促成损害上市公司利益的关联交易。

小钟老师:这是从程序正义的角度去保障交易结果的公允性,保护上市公司和广大中小股东的利益。规定信息披露义务也是出于同样的目的,充分的信息披露是保障关联交易公正与公平的关键。这里列举《股票上市规则》针对关联自然人、关联法人和关联担保三个方面作出的规定:上市公司与关联自然人发生的交易金额在30万元以上的关联交易(上市公司提供担保除外),应当及时披露;上市公司与关联法人发生的交易金额在300万元以上,且占公司最近一期经审计净资产绝对值0.5%以上的关联交易(上市公司提供担保除外),应当及时披露;上市公司为关联人提供担保的,不论数额大小,均应当在董事会审议通过后及时披露,并提交股东大会审议。其实,沪深证券交易所对关联交易的信息披露规定非常严谨,不仅区分日常关联交易与非日常关联交易,还对主板与创业板等不同板块公司规定差异化要求。这里就不展开讲了,您可以通过浏览"中国投资者网"(https://www.investor.org.cn/)深入学习相关内容。

小费阿姨:小钟老师,我还想了解如果上市公司不履行信息披露义务会有什么后果?

小钟老师:上市公司通过隐瞒关联关系或者采取其他手段,规避信息披露、报告义务的,中国证监会按照《证券法》第197条处罚。《证券法》第197条分别对信息披露义务人,直接负责的主管人员和其他直接责任人员规定了警告及罚款两类处罚措施,最高罚款额度达到1000万元。

小费阿姨:希望上市公司及董事、监事、高管人员敬畏市场、敬畏风险,不要恶意规避关联交易的监管规则。也谢谢小钟老师,我会继续学习相关的内容,不懂的地方再来请教小钟老师。

关注上市公司关联交易的信息披露（一）

小费阿姨：小钟老师，最近，我注意到一些上市公司向关联方购买资产的交易事项，其披露的内容都很简单。依据这些信息，我无法对交易的价值作出判断。您能给我讲讲规定上市公司关联交易信息披露文件有哪些吗？

小钟老师：好的，上市公司关联交易信息披露的具体规定主要分布在证券交易所的相关文件中。除《股票上市规则》外，沪深证券交易所都发布有具体的规定，如深圳证券交易所2020年5月发布的《上市公司信息披露指引第5号——交易与关联交易》。您想了解哪个交易所的规定？

小费阿姨：我平常关注的上市公司多在上海证券交易所主板上市，麻烦您讲解上海证券交易所主板市场的相关规定吧。

小钟老师：好的。《上海证券交易所股票上市规则(2020年12月修订)》第10章是关于关联交易的具体规定，第10.2.9条明确了关联交易应当披露交易概述及交易标的的基本情况、独立董事的事前认可情况和发表的独立意见等。此外，《上海证券交易所上市公司关联交易实施指引》也对关联交易应当披露的内容进行了规定。上述规定都是关于关联交易信息披露的通用规定，上海证券交易所《上市公司信息披露监管问答》(汇编版，2019年12月13日，以下简称《监管问答》)第9.3条专门明确了上市公司资产交易事项构成关联交易时应注意的信息披露细节。

小费阿姨：好的，那您向我讲一下《监管问答》中的具体规定吧。

小钟老师：《监管问答》第9.3条规定，上市公司以现金方式向关联方购买或者出售资产，交易金额达到《上海证券交易所股票上市规则》披露标准，应当在相关公告中明确说明标的资产定价的依据及合理性，是否会损害上市公司利益。上市公司向关联方购买资产的，交易金额达到《上海证券交易所股票上市规则》披露标准，但未达到重大资产重组标准，且标的交易价格超过账面价值100%或标的资产近一年存在净利润、净资产为负的情况时，除应当严格按照《上海证券交易所上市公司关联交易实施指引》《临时公告格式指引——第十号　上市公司关联交易公告》的要求编制相关公告外，还应当披露如下事项：一是标的资产成立以来的股权变动情况及变动原因；二是标的资产最近两年又一期的主要财务指标，包括但不限于资产总额、资产净额、营业收入、净利润、扣除非经常性损益后的净利润等财务数据，并说明是否经过审计；三是标的资产最近一年前五大客户、供应商与上市公司或其控股股东存在关联关系的，应当具体披露该关联关系及前五大客户、供应商的情况；四是公司应当在相关交易的进展公告中，披露交易付款进度，说明是否符合合同约定，并说明是否已就标的资产日后无法交付或过户的情况作出保护上市公司利益的合理安排；五是交易对方为公司控股股东、第一大股东、实际控制人或其控股子公司的，除披露上述事项外，还应当披露上述股东的资产负债情况、所持有上市公司股份的质押或者冻结情况，并结合上述股东现有主要业务的资金需求、现金流状况和最近一年应偿付债务金额等，说明上述股东是否拟通过本次交易缓解资金压力。此外，如交易标的为公司股权，且交易完成后，上市公司将新增控股子公司的，应当说明该公司对外担保、委托理财等情况，以及对上市公司的影响和解决措施。如出售控股子公司股权导致上市公司合并报表范围变更的，应当披露上市公司是否存在为该子公司提供担保、委托该子公司理财，以及该子公司占用上市公司资金等情况，明确对上市公司的影响和具体解决方案，并由公司独立董事就具体解决方案能否保障上市公司利益发表明确意见。

小费阿姨：我明白了。如果发现相关事项信息披露过于简单，我就依据这些规定行使股东权利，要求公司按照规定全面披露。

关注上市公司关联交易的信息披露（二）

冯大伯:小钟老师,之前您介绍了上海证券交易所关于上市公司关联交易信息披露的规定,我想了解一下深圳证券交易所在这方面有哪些规定,您能给我讲讲吗?

小钟老师:好的。根据《深圳证券交易所股票上市规则(2020 年修订)》,上市公司披露的关联交易公告应当包括交易概述及交易标的的基本情况;独立董事的事前认可情况和发表的独立意见;交易各方的关联关系说明和关联人基本情况;交易的定价政策及定价依据,包括成交价格与交易标的账面值、评估值以及明确、公允的市场价格之间的关系以及因交易标的特殊而需要说明的与定价有关的其他特定事项等内容。此外,深圳证券交易所在其发布的《上市公司信息披露指引第 5 号——交易与关联交易》(以下简称《披露指引》)里,也对上市公司关联交易信息披露进行了具体规定。

冯大伯:我看到有的上市公司在公告关联交易涉及的资产评估信息时,披露的内容十分简略,我们小股东看得一头雾水。请问对关联交易涉及的资产评估的信息披露,《披露指引》中有没有具体规定呢?

小钟老师:有的。根据《披露指引》,上市公司重大交易或关联交易事项涉及资产评估事项的,应当在重大资产重组报告书或其他相关公告中披露评估机构名称、评估基准日、评估方法,并以评估前后对照的方式列示评估结果。《披露指引》规定,提交股东大会审议的交易或关联交易事项涉及的交易标的评估值与账面值相比增值或减值超过 100%,或者与过去 3 年内历史交易价格差异超过 100% 的,上市公司应当根据所采用的不同评估方法分别按照相关要求详细披露其原因及评估结果的推算过程。您还记得我们讲过的几种资产评估方法吗?

冯大伯:记得,主要有收益法、市场法和成本法。

小钟老师:没错。《披露指引》规定,采用收益法进行评估的,上市公司应当详细披露价值分析原理、计算模型及采用的折现率等重要评估参数,预期各年度收益或现金流量等重要评估依据,充分说明有关参数、评估依据确定的理由。评估报告所采用的预期产品产销量、销售价格、收益或现金流量等评估依据与评估标的已实现的历史数据存在重大差异或与有关变动趋势相背离的,上市公司应当详细解释该评估依据的合理性,提供相关证明材料,并予以披露。相关资产在后续经营过程中,可能受到国家法律法规更加严格的规制，或者受到自然因素、经济因素、技术因素的严重制约等，导致相关评估标的在未来年度能否实现预期收入、收益或现金流量存在重大不确定性的，上市公司应当详细披露相应解决措施，并充分提示相关风险。采用市场法进行评估的，上市公司应当明确说明评估标的存在活跃市场、相似参照物、可比量化指标和技术经济参数等情况，详细披露具有合理比较基础的可比交易案例，以及根据宏观经济、交易条件、行业状况的变化，和评估标的收益能力、竞争能力、技术水平、地理位置、时间因素等对可比交易案例作出的调整，从而得出评估结论的过程。采用成本法进行评估的，上市公司应当充分披露重置成本中重大成本项目的构成情况，现行价格、费用标准与原始成本存在重大差异的，还应当详细解释其原因。如果采用多种评估方法进行评估，并按照一定的价值分析原理或计算模型等方法综合确定交易标的评估值的，上市公司还应当充分披露该等方法的合理性及其理由。

冯大伯：原来如此。有了这些信息，我们投资者就能对资产交易有更深入的了解了。

小钟老师：此外，上市公司向关联人购买资产，按照规定须提交股东大会审议且成交价格相比交易标的账面值溢价超过100%的，如交易对方未提供在一定期限内交易标的盈利担保或补偿承诺，或者交易标的回购承诺，上市公司应当说明具体原因，是否采取相关保障措施，是否有利于保护上市公司和中小股东利益。

冯大伯：我明白了，我以后要多多关注上市公司与关联方交易资产的公告，好好研究相关信息，维护我们中小投资者的权益。

浅谈应当披露的交易

小费阿姨:小钟老师,一家上市公司每年会产生很多交易事项,可谓种类繁多。我觉得但凡涉及钱的事情,中小投资者就需要多关注、多了解。在这么多的交易中,哪些属于上市公司应当披露的交易呢?

小钟老师:对于交易这一块,我们以《上海证券交易所股票上市规则(2020 年 12 月修订)》为例,应当披露的交易中,“交易”包括下列事项:

(1)购买或者出售资产;(2)对外投资(含委托理财、委托贷款等);(3)提供财务资助;(4)提供担保;(5)租入或者租出资产;(6)委托或者受托管理资产和业务;(7)赠与或者受赠资产;(8)债权、债务重组;(9)签订许可使用协议;(10)转让或者受让研究与开发项目;(11)本所认定的其他交易。

要注意的是,上述购买或者出售资产,不包括购买原材料、燃料和动力,以及出售产品、商品等与日常经营相关的资产购买或者出售行为,但资产置换中涉及的此类资产购买或者出售行为,仍包括在内。

小费阿姨:您说的是上海证券交易所的规定,深圳证券交易所也是同样的规定吗?

小钟老师:《深圳证券交易所股票上市规则(2020 年修订)》规定的“交易”不包含上述的第(10)项,也就是“转让或者受让研究与开发项目”。

小费阿姨:这些交易应当达到一定的标准才被要求披露吧?

小钟老师:是的。为方便讲解,我以上海证券交易所的上市公司为例吧。当发生的交易(提供担保除外)达到下列标准之一的,应当及时披露:

(1)交易涉及的资产总额(同时存在账面值和评估值的,以高者为准)占上市公司最近一期经审计总资产的 10% 以上;(2)交易的成交金额(包括承担的债务和费用)占上市公司最近一期经审计净资产的 10% 以上,且绝对金额超过 1000 万元;(3)交易产生的利润占上市公司最近一个会计年度经审计净利润的 10% 以上,且绝对金额超过 100 万元;(4)交易标的(如股权)在最近一个会计年度相关的营业收入占上市公司最近一个会计年度经审计营业收入的 10% 以上,且绝对金额超过 1000 万元;(5)交易标的(如股权)在最近一个会计年度相关的净利润占上市公司最近一个会计年度经审计净利润的 10% 以上,且绝对金额超过 100 万元。

上述指标涉及的数据如为负值，取其绝对值计算。

小费阿姨：这么复杂，我记不住啊！

小钟老师：您就记住交易金额需达到一定标准就可以了。具体情况可查询《上海证券交易所股票上市规则》或《深圳证券交易所股票上市规则》。

小费阿姨：明白了。除要及时披露外，是不是有些交易也要提交股东大会审议呢？

小钟老师：没错，相对地，交易金额比例也提高了很多，毕竟需要股东大会审议的都是大事嘛！

上市公司发生的交易（提供担保、受赠现金资产、单纯减免上市公司义务的债务除外）达到下列标准之一的，除应当及时披露外，还应当提交股东大会审议：

（1）交易涉及的资产总额（同时存在账面值和评估值的，以高者为准）占上市公司最近一期经审计总资产的50%以上；（2）交易的成交金额（包括承担的债务和费用）占上市公司最近一期经审计净资产的50%以上，且绝对金额超过5000万元；（3）交易产生的利润占上市公司最近一个会计年度经审计净利润的50%以上，且绝对金额超过500万元；（4）交易标的（如股权）在最近一个会计年度相关的营业收入占上市公司最近一个会计年度经审计营业收入的50%以上，且绝对金额超过5000万元；（5）交易标的（如股权）在最近一个会计年度相关的净利润占上市公司最近一个会计年度经审计净利润的50%以上，且绝对金额超过500万元。

上述指标涉及的数据如为负值，取绝对值计算。

小费阿姨：您刚才讲的这些，都提到了除"提供担保"交易事项，那么，对于提供担保事项，披露标准是怎么样的？

小钟老师：对上市公司发生"提供担保"交易事项，应当提交董事会或者股东大会进行审议，并及时披露。

小费阿姨：如果发现上市公司违规担保，中小股东是不是可以像投服中心一样积极行权呀？比如，行使建议权或质询权，通过发函、致电等形式对上市公司进行监督？

小钟老师：没错！广大中小股东应珍视法律赋予的股东权利，积极参与上市公司治理，共同维护上市公司及股东的合法权益。如果您想要掌握更多权益知识，也可以通过浏览"中国投资者网"（https://www.investor.org.cn/）进行学习。

浅谈股东大会信息披露文件

小费阿姨:小钟老师,最近咱们也上了几次课了,讲的好多信息披露知识都很专业,要不是通过这几次学习,像业绩预报、季度报告这些内容我还真是一头雾水呢。

小钟老师:小费阿姨,看您最近学得很认真,我们这次就讲大家耳熟能详同时又很重要的内容——上市公司股东大会的信息披露文件吧。

小费阿姨:股东大会是上市公司的最高权力机关,它由全体股东组成,对公司重大事项进行决策,有权选任和解除董事,并对公司的经营管理有广泛的决定权。要是召开股东大会,是不是应以公告的方式告知所有股东呢?

小钟老师:对!召集人应当在年度股东大会召开20日之前,或者临时股东大会召开15日之前,以公告方式向股东发出股东大会通知。通知中应当列明会议召开的时间、地点、方式,以及会议召集人和股权登记日等事项,并充分、完整地披露所有提案的具体内容。

小费阿姨:我记下了。股东大会必须本人出席吗?

小钟老师:是这样的,股东可以亲自出席股东大会并行使表决权,也可以委托他人代为出席和在授权范围内行使表决权。

小费阿姨:现在互联网如此便利,是不是也可以线上行使表决权呢?

小钟老师:没错。如果公司股东大会采用网络或其他方式的,应当在股东大会通知中明确载明网络或其他方式的表决时间及表决程序。

小费阿姨:小钟老师,股东大会决议、法律意见书等文件也要披露的吧?

小钟老师:没错,召集人应当在股东大会结束后,及时将股东大会决议公告文稿、股东大会决议和法律意见书报送沪深证券交易所,经沪深证券交易所同意后披露股东大会决议公告。

小钟老师:具体来说,根据《上市公司股东大会规则》第39条的规定,股东大会决议应及时公告,公告中应列明出席会议的股东和代理人人数、所持有表决权的股份总数及占公司有表决权股份总数的比例、表决方式、每项提案的表决结果和通过的各项决议的详细内容。

小费阿姨:那要是碰到提案没有通过的情况,公告内容会有不一样吗?

小钟老师:如果提案未获通过,或者本次股东大会变更前次股东大会决议的,应当在股东大会决议公告中作特别提示。另外，股东大会决议内容违反法律、行政法规的无效。公司控股股东、实际控制人不得限制或者阻挠中小投资者依法行使投票权，不得损害公司和中小投资者的合法权益。

小费阿姨：这种情况下是不是可以通过“股东大会及董事会决议撤销诉讼权”，捍卫中小投资者的权益呢？

小钟老师：对！股东大会的会议召集程序、表决方式违反法律、行政法规或者公司章程，或者决议内容违反公司章程的，股东可以自决议作出之日起60日内，请求人民法院撤销。

小费阿姨：谢谢小钟老师，这次真是温故知新了。

小钟老师：如果您想要掌握更多权益知识，平时也可以通过浏览“中国投资者网”（https://www.investor.org.cn/）进行学习。

权益变动信息披露知多少

小费阿姨:小钟老师,近期我关注的上市公司发布了临时公告,是关于大股东持有公司权益变动的信息。想请问一下,上市公司权益变动有什么相关的知识点呢?

小钟老师:那咱们今天就来说说权益变动。根据上海证券交易所发布的《上海证券交易所股票上市规则(2020 年 12 月修订)》规定,持有上市公司 5% 以上股份的股东或实际控制人涉及该上市公司的权益变动或收购的,相关股东、收购人、实际控制人按照《上市公司收购管理办法》履行报告和公告义务的,应当及时通知上市公司。上市公司应当在知悉权益变动或收购后,及时发布提示性公告。所以您看到的上市公司发布有关权益变动的公告,说明上市公司正在履行相应信息披露义务。

小费阿姨:原来是这样,那深圳证券交易所有类似规定吗?

小钟老师:当然有。《深圳证券交易所股票上市规则(2020 年修订)》有同样规定,要求上市公司股东和实际控制人应当严格按照《证券法》、《上市公司收购管理办法》等相关规定履行信息披露义务,及时报告和公告其收购及股份权益变动等信息,并保证披露的信息真实、准确、完整,不得有虚假记载、误导性陈述或重大遗漏。对创业板,深圳证券交易所也有同样的要求。

小费阿姨:那达到什么条件后公司需要做相应披露呢?

小钟老师:根据中国证监会第 108 号令《关于修改〈上市公司收购管理办法〉的决定》,要求通过证券交易所的证券交易或协议转让,投资者及其一致行动人拥有权益的股份达到一个上市公司已发行股份的 5% 时,应当在该事实发生之日起 3 日内编制权益变动报告书,向中国证监会、证券交易所提交书面报告,通知该上市公司,并予以公告。

小费阿姨:这里提到上市公司会披露权益变动报告书,能详细讲讲吗?

小钟老师:这个权益变动报告书主要是指当上市公司信息披露义务人在其权益发生变动的情况下,应当按照要求编写、报送和披露权益报告书。比如,信息披露义务人增加其持有的上市公司的权益股份,应当披露其持有目的,并披露其是否有意在未来 12 个月内继续增加其在上市公司中拥有权益的股份。其他具体内容您可以查阅中国证监会官网发布的《公开发行证券的公司信息披露内容与格式准则第 15 号——权益变动报告书(2020 年修订)》。

不过需要提醒您注意的是,该准则仅是对投资者在一个上市公司中拥有权益的股份变动的信息披露最低要求,现实中无论在该准则中有无明确规定,凡对投资者作出投资决策有重大影响的信息,信息披露义务人均当予以披露。所以您可以多多关注上市公司动态,及时确认自身权益是否受到损害。

小费阿姨:原来一个权益变动背后还有这么多知识,真的是学无止境！谢谢小钟老师,今天又学到了新知识。

小钟老师:您太客气了,更多的专业知识您也可以通过浏览“中国投资者网”(https://www.investor.org.cn/)进一步学习与了解。

风险警示知多少

小费阿姨:小钟老师,今天您能不能给我讲讲上市公司风险警示的相关内容?

小钟老师:当然可以。您在买卖股票的时候肯定会注意到,有的股票简称前会有"ST"或"*ST"的标记,这说明该公司存在一定的风险。交易所通过这种方式进行警示,提醒投资者注意投资风险。

根据《上海证券交易所股票上市规则(2020年12月修订)》和《深圳证券交易所股票上市规则(2020年修订)》,风险警示分为退市风险警示和其他风险警示。上市公司股票被实施退市风险警示的,在股票简称前冠以"*ST"字样;被实施其他风险警示的,冠以"ST"字样。

如果导致风险警示产生的情形已消除,上市公司可以在规定期限内提出申请,经交易所审核后,撤销相应风险警示。

小费阿姨:那什么情况下证券交易所会对上市公司实施退市风险警示呢?

小钟老师:沪深证券交易所都从股票交易、财务审计、规范运作、重大违法4方面对上市公司股票实施退市风险警示的情形作了具体规定。整个规则比较复杂,作为普通投资者,我们只需要记住几个关键点即可。比如,股票交易方面,连续10个交易日股票收盘总市值均低于3亿元,股东人数低于2000人,每日收盘股价均低于1元,该股票就将被实施退市风险警示直至退市风险消除或终止上市。财务审计方面,上市公司最近一个会计年度经审计的审计报告出现净利润为负且营业收入低于1亿元、净资产为负、审计报告为否定意见或无法表示意见等情况时,将被实施退市风险警示。规范运作方面,上市公司财务报告存在重大差错或虚假记载,未能及时披露定期报告,半数以上董事无法保证定期报告的真实性、准确性和完整性,信息披露存在重大缺陷,社会公众股东持有公司股份连续20个交易日低于公司总股本25%(总股本4亿元以上的低于10%),在规定期限内未能改正的,公司股票将被停牌,停牌期满仍未能改正的,股票将被实施退市风险警示。公司可能被依法强制解散,法院依法受理公司重整、和解和破产清算申请的,也将被实施退市风险警示。重大违法退市方面,上市公司存在欺诈发行、重大信息披露违法、严重损害国家利益、社会公共利益或者其他重大违法行为,触发违法类强制退市情形的,将被实施退市风险警示直至终止上市。

小费阿姨:还挺复杂的。您再和我讲讲其他风险警示吧。

小钟老师:对其他风险警示,沪深证券交易所主要也是从生产经营、财务审计和规范运作3方面进行规定。生产经营方面,公司生产经营活动受到严重影响且预计在3个月内不能恢复正常,公司存在严重失信或持续经营能力明显存在重大不确定性;规范运营方面,违规担保(担保对象为合并报表范围内子公司的除外)或控股股东及其关联方非经营性占用资金余额达到最近一期经审计净资产绝对值5%以上,或金额超过1000万元且未能在1个月内完成清偿或整改,董事会、股东大会无法正常召开会议并形成有效决议;财务审计方面,最近1年内部控制被出具无法表示意见或否定意见审计报告,或未按规定披露内部控制审计报告;主要银行账号被冻结;最近连续3年扣除非经常性损益前后净利润孰低者均为负值。出现上述情形的,上市公司股票将被实施其他风险警示。

小费阿姨:听了您的讲解,我又学到了不少知识,也明白了掌握相关法律法规对投资的重要性。

小钟老师:您说得很对!如果您想了解更多、更详细的风险警示规则,可以浏览"中国投资者网"(https://www.investor.org.cn/)进一步学习。

解码审计报告背后的“潜台词”

米大伯:小钟老师,我最近在读上市公司年报,发现年报正文开始的“重要提示”部分总会出现这样的内容:“××会计师事务所为本公司出具了标准无保留意见的审计报告”。这里的审计报告是什么呢?

小钟老师:审计报告是注册会计师根据审计准则的要求,在实施了必要审计程序基础上,以经过核实的审计证据为依据,对财务报表发表审计意见的书面文书。它其实就是一份信用背书,是证明被审上市公司的财务报告真实有效的担保和保证。

米大伯:那审计报告里面提到的标准无保留意见又是什么意思呢?

小钟老师:首先,审计意见是注册会计师作为独立第三方对上市公司财务报表的总体结论。标准无保留意见的审计报告,是对财务报表真实有效的认可,但这种意见不代表原来的报表没有问题,只是表达了现在没问题的意思,这包含两种可能:第一,原来的财务报表本来就没有问题;第二,原来的报表存在问题,在历经多次沟通后,上市公司已经按照注册会计师的调整意见全部调整后重新进行了编报。一般而言,如果审计机构所出具的是标准意见审计报告,则说明上市公司财务报表的可信度比较高。

米大伯:除标准无保留意见的审计报告外,注册会计师还会对上市公司出具哪些类型的审计报告呢?

小钟老师:除标准无保留意见审计报告外,还有一种是非标准意见审计报告(以下简称非标意见),是会计师认为财务报表质量不合格。通常按照不合格的程度,非标意见被分为4种:(1)带强调事项段的无保留意见审计报告;(2)保留意见的审计报告;(3)无法表示意见的审计报告;(4)否定意见的审计报告。

米大伯:这些不同类型的非标意见到底是想告诉投资者什么呢?

小钟老师:首先,对带强调事项段的无保留意见审计报告,虽然还是无保留意见,但额外增加的解释性文字,就是提醒您必须关注这些事项。这些事项当前对本期的会计报表没有影响,但以后是否有影响就难说了。其实,注册会计师的潜台词是这些事项对以后肯定有影响,因为如果判断对后期的报表没有影响,也就没必要说了。

保留意见的审计报告隐含两种意思:要么是报表有问题,审计报告所保留的这些事项没有按照准则的要求列报和恰当地披露;要么是除审计报告所描述的保留事项以外,财务报表其他项目不存在重大问题。保留事项虽然存在问题,但这些问题尚不足以导致财务报表出现整体的严重错误。简单来说,除了保留事项,其他的都问题不大。

对无法表示意见的审计报告,则是注册会计师向公众传达:“我尽心尽力审计了,但关键的数据拿不到!”无法表示意见与保留意见都是因审计范围受到限制而引起的,只是受限制的范围不同而已。保留意见仅限于对个别重要会计事项的审查受到限制,总体上还能对财务报表表示大部分赞同;而无法表示意见则限于对较多的重要会计事项的审查受到限制,致使其在总体上不能对财务报表发表审计意见。这种类型的审计报告暗示了很多信息:上市公司利用多种原因或借口不配合审计工作,如果配合的话审计范围就不会受限制。注册会计师婉转而含蓄地告诉我们:被审公司的财报不可信赖。

否定意见的审计报告则是对上市公司财务报表的总体否定,是注册会计师郑重地向公众告知:这家公司的财务报表不可信!

米大伯:非标意见的审计报告原来揭示了这么多风险,以后我得睁大眼睛重点关注了。

小钟老师:对!如果遇到被注册会计师出具了非标意见的公司,您在投资时需要慎之又慎,特别是上述4种非标意见中的后3种,最好绕道而行,避免“踩雷”。

简析《证券法》下控股股东、实际控制人信息披露法律责任

信息披露制度是资本市场健康发展的制度基石。2019年修订的《证券法》已于2020年3月1日正式施行,其新增信息披露专章,对信息披露制度进行了全面改革完善,进一步强化了信息披露要求,扩大了责任人员范围,加大了责任追究力度,完善了法律责任体系。实践中,因控股股东、实际控制人在日常经营中侵犯上市公司及广大中小股东利益的情况时有出现,控股股东、实际控制人经常是导致违法行为出现的“首恶”。《证券法》扩大了发行人、上市公司控股股东、实际控制人的法律责任范围,显著加大了处罚力度,旨在通过法律制度进一步规范发行人、上市公司控股股东、实际控制人的信息披露行为。

一、控股股东、实际控制人的定义

根据《公司法》第216条的规定,控股股东,是指其出资额占有限责任公司资本总额50%以上或者其持有的股份占股份有限公司股本总额50%以上的股东;出资额或者持有股份的比例虽然不足50%,但依其出资额或者持有的股份所享有的表决权已足以对股东会、股东大会的决议产生重大影响的股东;实际控制人是指虽不是公司的股东,但通过投资关系、协议或者其他安排,能够实际支配公司行为的自然人或法人。

结合实际情况,控股股东、实际控制人实质上是以其对公司直接或间接的投资关系,对股东大会决议产生重大影响,进而能够决定公司董监高人选,而能够实际支配公司的人。

二、增加应当披露的重大事件事项范围

《证券法》第80条增加了应当披露的对股票交易价格产生较大影响的重大事件事项范围,包括:

(1)第2款第(8)项增加“公司的实际控制人及其控制的其他企业从事与公司相同或者相似业务的情况发生较大变化”。尽管同业竞争在公司上市后也是需要关注的事项,但过去对同业竞争的关注主要停留在公司IPO阶段,本条将同业竞争纳入信息披露的范围显示出对同业竞争信息披露的重视。

(2)第2款第(11)项增加公司的控股股东、实际控制人涉嫌犯罪被依法采取强

制措施。控股股东、实际控制人涉嫌犯罪对于上市公司影响颇大，尤其是民营企业，因此，增加关于控股股东、实际控制人对涉嫌犯罪的信息披露事项对证券市场及广大中小投资者有重要意义。

(3)新增第3款，规定"公司的控股股东或者实际控制人对重大事件的发生、进展产生较大影响的，应当及时将其知悉的有关情况书面告知公司，并配合公司履行信息披露义务"。本款明确规定了控股股东、实际控制人的信息披露义务，强化了其信息披露责任，有助于信息披露制度得到切实执行。

三、新设控股股东、实际控制人公开承诺的信息披露义务

《证券法》第84条为控股股东、实际控制人作出公开承诺的行为增设了信息披露义务，并且规定其不履行承诺给投资者造成损失的，应当依法承担赔偿责任，该条规定是本次修订中的创新，加强了对控股股东、实际控制人的约束，真正做到有诺必践，违诺必究。

证券市场中，控股股东、实际控制人作出公开承诺时有所见，过去由于缺乏制度规则的具体规定，即使控股股东、实际控制人不履行承诺，也无须承担相应的法律责任，严重影响了证券市场的正常交易秩序及投资者的投资决策。随着《证券法》修订并生效，若后续出现控股股东、实际控制人不履行公开承诺并给投资者造成损失的，投资者可依据该条依法追究其民事责任，有力保障了投资者的信赖利益。

四、规定控股股东、实际控制人承担过错推定的连带赔偿责任

《证券法》第85条对于信息披露责任的规定中，将原《证券法》控股股东、实际控制人的责任形式由过错责任修改为过错推定责任，规定了发行人的控股股东、实际控制人应当与信息义务披露人承担连带赔偿责任，但是能够证明自己没有过错的除外。此项修改显著降低了受损投资者向控股股东、实际控制人请求民事赔偿的举证难度，有利于保护中小投资者的利益。

未来，中证中小投资者服务中心(以下简称投服中心)提起证券代表人诉讼或证券支持诉讼时，依据"追首恶"原则追究控股股东、实际控制人的民事赔偿责任时，亦能够依据过错推定的规则原则追究控股股东、实际控制人的法律责任，大大降低了原告方的举证难度，有效提高了诉讼效率。

五、信息披露违法范围拓展至消极违法行为

《证券法》第197条明确了发行人的控股股东、实际控制人组织、指使从事信息披露违法行为,或者隐瞒相关事项导致发行人信息披露违法的均应承担法律责任。

相较原《证券法》中规定的控股股东、实际控制人指使发行人、上市公司实施信息披露违法行为的积极违法方式外,该条规定将法律责任范围拓展至消极违法方式,即隐瞒相关事项导致发行人信息披露违法,而此种消极违法方式在实践中甚至比积极违法方式更为常见,从而实现了对控股股东、实际控制人在信息披露违法行为中不同违法形式的全面覆盖,形成了对控股股东、实际控制人在信息义务披露行为的有效制约。

六、大幅提高对控股股东、实际控制人违规违法的处罚力度

《证券法》第197条大幅提高了对控股股东、实际控制人信息披露违规违法时的处罚力度,将原《证券法》中规定的控股股东、实际控制人30万元以上60万元以下的罚款调整为:未按照《证券法》规定报送有关报告或者履行信息披露义务的罚款为50万元以上500万元以下;报送的报告或披露的信息有虚假记载、误导性陈述或重大遗漏的罚款为100万元以上1000万元以下。

《证券法》不仅整体加大了对控股股东、实际控制人信息披露违法违规的处罚力度,而且还针对不同形式的信息披露违法行为区分了处罚位阶,即着重打击信息披露中存在虚假记载、误导性陈述或重大遗漏的违法行为,形成了对控股股东、实际控制人的有效威慑。

《证券法》的修订与实施,既完善了追究控股股东、实际控制人信息披露违法责任的法律基础,又针对控股股东、实际控制人进行了从严规范,使能够对其违法行为进行精准、严厉、有效的打击与惩处,从而一定程度上实现从源头处遏制发行人、上市公司信息披露违法违规,改善资本市场生态环境。

自愿信息披露

冯大伯:小钟老师,我看到最近上海证券交易所发布了关于科创板的自愿信息披露指引,自愿信息披露是什么意思?和我们中小投资者有关系吗?

小钟老师:您说的是《上海证券交易所科创板上市公司自律监管规则适用指引第2号——自愿信息披露》(以下简称《披露指引》)吧?简单来讲,上市公司履行信息披露义务,既包括法律法规强制披露的信息,也包括公司自愿披露的信息。自愿披露的信息可以由公司自主决策。《披露指引》强调:自愿披露的信息"应当服务于投资者决策需要",对中小投资者来说,这也是重要的信息来源之一。

冯大伯:既然是自愿披露的信息,那岂不是上市公司想怎么说就怎么说,我们还能相信吗?

小钟老师:您不用担心,《披露指引》强调:"自愿披露不是随意披露和任性披露,科创公司在自主判断和决策的同时,也需要遵循信息披露的基本要求。"这里的基本要求,就是《证券法》所规定的"真实、准确、完整"的要求,上市公司披露信息时,不得有虚假记载,不得有误导性陈述,也不得有重大遗漏。此次出台《披露指引》,也是为了建立统一标准、进一步规范上市公司的自愿信息披露,从整体上提升信息披露的有效性。同时,《披露指引》专门辟出了一个部分,对一些利用自愿信息披露"蹭热点"的不当行为提出了规范,要求更加谨慎地披露与市场热点相关的公告:"自愿披露与市场热点有关的信息,除遵守一般原则和要求外,还应当额外关注披露可能造成的市场影响,避免误导投资者。"

冯大伯:明白了,即使是自愿披露的信息,上市公司也是要负责任的,不能瞎炒作、忽悠人。不过,我总觉得自愿披露的信息都可有可无,不太重要。

小钟老师:作为强制信息披露的有益补充,自愿信息披露还是很有必要的。从境内外资本市场实践看,上市公司自愿披露的战略规划、盈利预测、内部治理、环境保护、社会责任、人力资源等信息,已经成为投资者判断公司价值、作出投资决策的重要参考。就拿拥有"硬科技"的科创企业来说,它们在内部治理、盈利模式、产品形态、研发活动等方面与传统企业往往存在差异。科创企业的科创属性、成长属性、价值属性需要从更多维度进行呈现,而强制信息披露虽然更具有普适性但缺乏对科创企业的针对性,而自愿信息披露能够很好地弥补这一点。从数量来看,科创公司自愿披露的公告数量已经占到其总数的20%左右;从类型来看,科创公司还主动披露行业变化、研发进展、运营数据、业务合作等信息,这对提升信息披露的针对性,加深投资者对科创公司的认识和理解,都是非常有益的。

冯大伯:看来还是要多关注上市公司的自愿信息披露。哪些信息属于自愿披露的呢?“上证e互动”平台上投资者与上市公司间的问答也算其中的一部分吗?

小钟老师:为了方便投资者识别、理解,《披露指引》要求科创公司在以临时公告方式自愿披露信息时,应当在公告标题中标注“自愿披露”字样。您只要一看公告标题,就知道哪些是上市公司自愿披露的信息了。“上证e互动”平台是上市公司与投资者沟通交流的重要渠道,但《披露指引》强调,要“避免通过‘上证e互动’网络平台进行信息披露”,包括自愿信息披露。具体地,上市公司在“上证e互动”平台上答复投资者疑问时,需要区分所答复的内容是属于强制披露或者自愿披露事项,还是属于对已披露事项的解释说明或者其他不属于持续披露范畴的信息。如果属于前者,则应当通过在法定媒体发布公告的方式进行披露。也就是说,上市公司不能将“上证e互动”平台作为信息披露平台,对投资者的答疑和正式的信息披露之间要有所区分。

冯大伯:有道理,如果是需要让广大投资者都知晓的事项,那还是应当公告,不能只针对个别投资者进行说明。谢谢小钟老师!

第二节　防范非法证券期货

防范非法证券期货活动知多少

小费阿姨：什么是非法证券期货活动呢？

小钟老师：非法证券期货活动，是指未经批准从事依法应由证券监管部门或国务院授权的部门核准或批准，应受法定监督的证券发行和经营证券期货业务的活动。非法证券期货活动具有涉及面广、欺骗性强、危害性大、蔓延速度快等特点，是经济社会生活中的“毒瘤”，严重危害社会稳定和金融安全。中小投资者一定要注意防范非法证券期货活动，维护自己的财产安全。

小费阿姨：非法证券期货活动具体有哪些形式啊？

小钟老师：非法证券期货活动的主要表现形式有以下几种：一是编造公司即将在境内外上市或股票发行获得政府部门批准等虚假信息，诱骗社会公众购买所谓原始股；二是非法中介机构以“投资咨询机构”“产权经纪公司”“外国资本公司或投资公司驻华代表处”等名义，未经法定机关批准，向社会公众非法买卖或代理买卖未上市公司股票；三是不法分子以证券投资为名，以高额回报为诱饵，诈骗群众钱财。近年来，随着监管部门打击力度不断加大，不法分子从事非法证券期货活动的花样也不断翻新，投资者需要小心识别，防止掉入这些陷阱。

小费阿姨：我经常能收到一些短信，说可以提供场外个股期权交易服务，让我加微信群，这是非法证券期货活动吗？

小钟老师：这是典型的非法证券期货活动手法。不法分子在邀请投资者进入微信群后，通常会先发布一些盈利较好的交易清单，组织活动交流，逐步取得投资者信任后，推荐投资者参加个股期权交易，宣称低风险、高回报、操作简便。投资者无须开通证券账户,也不必进行视频认证,仅提供身份证号和银行账户即可完成注册,投资者交纳权利金后就可以参加交易。但往往到行权时,标的股票并没有上涨,投资者不光损失权利金,账号中的余额也无法出金。

小费阿姨:那风险太大了!

小钟老师:是的。这些平台没有相应的金融业务资质,内控合规机制不健全,权利金要求过高,缺乏资金第三方存管机制,存在明显的风险隐患。此外,这些平台往往使用“高杠杆”“亏损有限而盈利无限”“亏损无须补仓”等误导性宣传术语,片面强调甚至夸大个股期权收益,弱化甚至不提示个股期权风险。投资者通过这些平台参与场外个股期权交易,存在较大风险,若平台存在欺诈行为或者发生“跑路”等风险事件,投资者自身权益难以保障,一定要高度警惕!

小费阿姨:非法证券期货活动对投资者危害太大了,而且我听说一般这种情况下,钱很难追回来了是吗?

小钟老师:您说得对,不法分子骗取投资者的钱财后,往往快速挥霍一空,或者逃之夭夭,投资者的损失往往难以追回。而且国务院发布的《防范和处置非法集资条例》规定,因参与非法集资受到的损失,由集资参与人自行承担。投资者如果参与非法证券期货活动,将面临“责任自负、损失自担”的结果。

小费阿姨:那我们如何辨识非法证券期货活动呢?

小钟老师:投资者可以通过下面几个方面来识别:一是辨识主体资格。按照规定,开展证券期货业务,需要经中国证监会核准,取得相应业务资格。未取得相应业务资格而开展证券期货业务的机构,是非法机构。可以通过证监会、中国证券业协会、中国期货业协会网站查询合法证券期货经营机构及其从业人员信息或向当地证监局核实。二是辨识营销方式。不法分子往往自称“老师”“股神”,以知道“内幕信息”、能够挑选“黑马股”,只要跟着他做,就能赚大钱的说法吸引投资者。对这样的人,不要相信。证券期货交易是有风险的,不可能稳赚不赔。三是辨识互联网址。非法证券期货网站的网址往往采用无特殊意义的字母和数字构成,或在合法证券期货经营机构网址的基础上变换或增加字母和数字。可通过证监会网站或中国证券业协会、中国期货业协会网站,查看合法证券期货经营机构的网址,识别非法证券期货网站。四是辨识收款账号。合法证券期货经营机构只能以公司名义对外开展业务,也只能以公司的名义开立银行账户。如果有人要求把钱打入以个人名义开立的账户或与该机构名称不符,投资者要果断拒绝。

小费阿姨：那如果受到非法证券期货活动侵害，我们投资者如何处理呢？

小钟老师：根据国家有关规定，非法证券期货活动的查处和善后处理由地方人民政府负责。投资者的权益受到非法证券期货活动侵害后，为使不法分子及时得到查处，尽可能挽回损失，要在第一时间向当地公安机关报案，或者向当地工商部门、证券监管部门反映。投资者要妥善保管好合同、汇款单、银行流水等凭证，提供给政府有关部门，以便政府部门查处非法证券期货活动，维护自己的权益。

我们也提醒广大投资者要保持理性投资心态，珍惜自己的钱财，主动远离非法证券期货活动，不轻信、不参与，谨防上当受骗。

非法证券投资咨询活动知多少

小费阿姨:小钟老师,有家公司经常在收盘后向我发送诸如"今日安排客户建仓某某股票,明日早盘强势拉升获利出场"的信息,其推荐的股票确实涨了,但成为会员后再推荐的股票就经常下跌,导致我损失严重,公司还要求我再交钱升级成为VIP客户,提供一对一专家指导,我是不是被骗了?

小钟老师:您很可能被骗了!不法分子通常利用网站的论坛、股吧、博客、微信、QQ群等作为营销平台,通过虚假信息、夸大宣传、承诺收益等手段,招揽会员或客户,从事推荐股票、代客理财等非法证券投资咨询活动。此类活动经常以推荐黑马股、涨停板股票为噱头,吸引投资者成为会员、缴纳会员费,其提出升级成为VIP会员,一对一指导只是想获取更多非法收入的营销手法而已。

小费阿姨:非法证券投资咨询活动有哪些常见的形式呢?

小钟老师:非法证券投资咨询是一种常见的违法行为,其表现形式主要有:

(1)设立网站或利用社交软件等工具以招揽会员或客户为名,提供证券投资分析、预测或建议,非法代理客户从事证券投资理财活动;(2)设立网站或利用社交软件等工具以保证收益、高额回报为诱饵,代客操盘,公开招揽客户,与投资者签订委托协议,从事非法证券活动;(3)假冒合法证券经营机构网站或自媒体平台,发布非法证券活动信息,招揽会员或客户;(4)使用虚构的证券公司名称,利用门户网站等平台发布非法证券活动信息,招揽会员或客户,提供证券投资分析、预测或建议服务,直接或间接从事非法证券投资咨询业务;(5)在门户网站、微博、微信公众号等平台上散布非法证券活动信息,提供证券投资分析、预测或建议服务,收取"咨询费""服务费"等;(6)不法分子谎称是证券公司员工申请添加客户微信、QQ等社交工具,或者邀请客户加入伪造的证券公司客户微信群、QQ群,向客户发送或冒充其他客户在群内散布非法荐股信息;(7)通过"荐股软件"散布非法证券活动信息,提供证券投资分析、预测或建议服务,收取"咨询费""服务费"等;(8)通过开办"股民学校",举办投资报告会等形式,从事非法证券投资咨询活动。

小费阿姨:那我怎样鉴别非法证券投资咨询活动呢?

小钟老师:根据中国证监会相关规定,向投资者销售或提供"荐股软件"并且直接或者间接获取经济利益的,属于从事证券投资咨询业务,应当经中国证监会许可,取得证券投资咨询业务资格。未取得证券投资咨询业务资格,任何机构和个人不得利用荐股软件从事证券投资咨询业务。

投资者可以在“中国证监会网”(https://www.csrc.gov.cn/)、“中国证券业协会网”(https://www.sac.net.cn/)查询销售机构或个人是否具备证券投资咨询业务资格,防止上当受骗。

小费阿姨:那么受到非法证券咨询活动侵害后,我该怎么办呢?

小钟老师:投资者受到非法证券咨询活动等非法证券期货活动侵害后,为使不法分子及时得到查处,尽可能挽回损失,请在第一时间向当地公安机关报案,或者向当地工商部门、证券期货监管部门反映。投资者应妥善保管好合同、汇款单、银行流水等凭证以及通话聊天记录、交易记录等材料,提供给有关部门,以便于其查处非法证券期货活动,维护自身合法权益。如果您有不清楚的地方,也可以关注“中国投资者网”(https://www.investor.org.cn/),进一步了解关于防范非法证券期货活动方面的相关知识。

证券期货违法案件举报奖励制度知多少

小冯:小钟老师,听说 2019 年修订的《证券法》专门规定了举报奖励制度,您能给我讲讲吗?

小钟老师:证券期货领域的举报奖励,一般是指举报人有权对涉嫌证券期货违法、违规行为进行举报,经查证属实的,相关机构会对举报人予以奖励。这在证券期货执法领域是常见的做法,许多国家通过立法专门予以规定。

小冯:咱们国家有专门的立法规定吗?

小钟老师:有的,2013 年 12 月 25 日,国务院办公厅《关于进一步加强资本市场中小投资者合法权益保护工作的意见》发布,首次提出要"建立证券期货违法案件举报奖励制度"。2014 年 6 月 27 日,中国证监会发布《证券期货违法违规行为举报工作暂行规定》,对证券期货违法违规行为的举报工作作了较为详尽的规定,并于 2020 年作了修订。2019 年修订的《证券法》第 176 条规定了举报奖励制度,这是将举报奖励制度首次上升到法律层面,为举报涉嫌证券违法违规行为提供了实体法依据。

小冯:有法律保护真是太好了! 如果我有上市公司涉嫌违法违规的线索,应该去哪里举报啊?

小钟老师:您可以通过证券期货违法线索网络举报系统、信函方式,向中国证监会证券期货违法违规举报中心或者向被举报人所属的证监局举报。

小冯:如果担心被举报的上市公司打击报复,可以匿名举报吗? 如果非要实名举报的话,能对我的个人信息保密吗?

小钟老师:实名或匿名举报都可以,但最好是实名举报,提供真实姓名、证件号码和联系电话等身份信息。证券期货违法线索网络举报系统只接收实名举报,举报奖励也只针对实名举报人。至于身份保密,你放心,中国证监会要求在调查、处罚或举报奖励发放工作中,相关部门和单位会全程做好举报保密工作,保护举报人身份信息。

小冯:举报哪些事项才能获得举报奖励呀?

小钟老师:证监会规定了举报奖励仅针对以下 5 类事项,且必须为实名举报:一是欺诈发行证券;二是信息披露违法;三是操纵证券、期货市场;四是内幕交易或利用未公开信息交易;五是其他重大证券期货违法行为。

小冯：如果除了我，还有其他人也都分别向证监会举报了，举报奖励怎么算呢？

小钟老师：多人分别举报同一违法违规行为并提供有效线索的，证监会将综合考虑各举报人提供线索的重大性、有效性、充分性、及时性等因素，对举报人分配奖金。

小冯：举报奖励的金额有多少？有明确规定吗？

小钟老师：举报事实清楚、线索明确，经查证属实，已依法作出行政处罚且罚没款金额在10万元以上的，按罚没款金额的1%对举报人进行奖励；已依法移送司法机关后作出生效的有罪判决的，酌情给予奖励。奖励金额不超过10万元。对于举报在全国有重大影响，或涉案数额巨大的案件线索，经调查属实的，奖励金额最高不超过30万元。内部知情人提供了重大违法案件线索，经调查属实的，最高奖励额度不超过60万元。

小冯：举报奖励的奖金去哪里领取呢？

小钟老师：证监会委托中国证券投资者保护基金有限责任公司办理举报奖励登记工作，申请人可登录中国投资者保护基金有限责任公司官方网站《举报奖励》专栏办理。

小冯：有对证券违法违规案件线索的举报人实施奖励的成功案例吗？

小钟老师：有！比如，2019年8月证监会宣布拟对廖某某操纵市场、江苏雅百特科技股份有限公司信息披露违法、任子行网络技术股份有限公司信息披露违法违规3起案件线索的举报人给予奖励。

小冯：非常感谢小钟老师的介绍，让我基本了解了举报奖励制度。

小钟老师：不客气！如果举报人确实了解情况、掌握证据，举报证券期货各类重大违法犯罪线索，有助于更好地监督证券市场各方主体、保护投资者的合法权益。

“非法荐股”莫轻信 “股市黑嘴”要当心

小费阿姨:我最近微信经常收到请求添加好友的信息,说是我儿子同学,然后没说两句话就要拉我进微信群,还神神秘秘说这是什么股神预测荐股群,好几次我都挺心动。

小钟老师:您可千万要当心!这种非法荐股可是最近严厉打击的非法行为之一。最近A股市场指数一路走高,不少机构和个人就盯上了像您这样的投资者。一切无资质机构和个人向您提供证券投资分析、预测或建议等直接或间接有偿资讯服务的活动都被称为“非法荐股”。

小费阿姨:那我要当心了,我看群里大家都说跟着“股神”挣了大钱。

小钟老师:非法荐股形式多种多样,主要有网络直播荐股、微博微信荐股、软件荐股和培训荐股,您可千万要擦亮眼睛。

小费阿姨:是得注意了,前段时间群里就在卖软件呢,说什么智能AI选股,好多人都交钱了。

小钟老师:这就属于软件荐股了,这种一般就是骗您去购买他们的软件。根据《证券法》第160条,证券服务机构从事证券投资咨询服务业务,应当经过国务院证券监督管理机构核准;未经核准,不得为证券的交易及相关活动提供服务。

小费阿姨:我就说哪有天上掉馅饼的好事呢?!

小钟老师:再教您一招,哪怕您去了正规机构,接受证券投资咨询服务时,也可以核实一下对方的资格,是否为合法机构和有执业资格的专业人员,这些信息都可以通过中国证券业协会官网查询,也可以向机构进行再次复核。咱自己口袋里的钱,自己可要当心。

小费阿姨:原来还有这个小诀窍,赶快记下来,回去查查看。群里还经常有老师说有内幕消息,我记得您之前跟我提过,内幕交易可是犯法的。

小钟老师:没错,内幕交易可是《证券法》明文规定禁止的交易行为,《证券法》第50条禁止证券交易内幕信息的知情人和非法获取内幕信息的人利用内幕信息从事证券交易活动。而且像您提到的这种,可能都只是个人通过故意编造、传播虚假信息或误导性信息,达到影响股票价格,甚至操纵市场从而牟取非法利益,这个被称为“股市黑嘴”,同样是违法违规的。

小费阿姨：看来我还得再认真学学《证券法》。

小钟老师：对了，还有一点您别忘了，根据《证券法》第六章（投资者保护专章）第88条，证券公司向投资者销售证券、提供服务时，应当按照规定充分了解投资者的基本情况、财产状况、金融资产状况、投资知识和经验、专业能力等相关信息；如实说明证券、服务的重要内容，充分揭示投资风险；销售、提供与上述状况相匹配的证券、服务。

小费阿姨：这个我记得，投资者适当性管理，每次都让填表格，还问了好多问题。

小钟老师：您可千万别嫌烦，这也是为了保障像您这样的中小投资者的合法权益，而且一定要根据真实情况如实填写、告知或提供您的信息，否则证券公司是可以拒绝向您提供服务的。

小费阿姨：这我知道的，谢谢小钟老师，我也要跟李阿姨、王阿姨说一声。

小钟老师：小费阿姨客气了，这些非法违法活动严重扰乱证券市场秩序，对其一定要提高防范意识，"一夜暴富"的侥幸心态不可取，学会保护自己的合法权益。您也可以多多浏览"中国投资者网"（https://www.investor.org.cn/），方便您进一步学习与了解投资者权益知识。

第三节　关注创业板注册制

简话创业板改革并试点注册制对普通投资者和上市公司的影响

2020 年 4 月 27 日，中央全面深化改革委员会第十三次会议审议通过了《创业板改革并试点注册制总体实施方案》。2020 年 6 月 12 日，证监会正式发布创业板改革并试点注册制相关制度规则。与此同时，中国证监会、深圳证券交易所、中国结算、证券业协会等发布了相关配套规则。6 月 15 日起，深圳证券交易所开始受理创业板在审企业的首次公开发行股票、再融资、并购重组申请。至此，证监会创业板改革和注册制试点正式拉开帷幕。

这是继上海证券交易所设立科创板并试点注册制后，我国资本市场深刻变革征程中迎来的又一关键节点。那么，创业板注册制改革对普通投资者和上市公司又有哪些影响呢？基于现已公布的相关制度规则，可简单概括如下：

（一）对普通投资者的影响

1. 提高创业板的开通门槛：在原来的 24 个月 A 股交易经验的条件上，增加了申请权限开通前 20 个交易日证券账户及资金账户内的资产日均不低于 10 万元的要求。

2. 简化开通流程：原创业板规则中设置有冷静期，冷静期过后投资者方可正式开通创业板，新的规则直接取消了冷静期要求；原创业板规则要求投资者前往营业部现场进行办理，而新规则开通了电子渠道这一新方式，并且要求各券商在 2 个月的过渡期内完成相关技术系统改造。

3. 对创业板老投资者的影响：《深圳证券交易所创业板投资者适当性管理实施办法（2020 年修订）》实施前已开通创业板交易权限的投资者不受影响，可以继续参与创业板股票交易。但在参与注册制下创业板股票发行申购、交易前,存量普通投资者应当重新签署新版《创业板投资风险揭示书》。

（二）对上市公司的影响

1. 创业板注册制定位方面:明确鼓励创新企业上市。对不能在创业板上市的企业的行业设置了负面清单,主要服务成长型创新创业企业,并支持传统产业与新技术、新产业、新业态、新模式深度融合。

2. 交易规则方面:IPO 前 5 个交易日不设涨跌幅限制,此后单日涨跌幅限制 20% ,且 800 多只存量个股同步实施;新股上市首日起可作为两融标的;允许收盘价定价交易等。总而言之,创业板涨跌幅限制、盘中异常波动、盘后定价交易等交易规则都更加宽松和开放。

3. 发行方面:优化审核注册程序,压缩审核注册期限,“审核 + 注册”不超过 3 个月,审核标准、程序、内容、过程公开透明,深入贯彻以信息披露为核心的注册制理念,建立以机构投资者为参与主体的询价、定价、配售等机制等。

4. 退市方面:完善退市机制,例如,简化了退市程序,取消暂停上市和恢复上市、新增市值退市指标等,并且设置了退市风险警示暨 * ST 制度,强化风险揭示。

此次创业板改革并试点注册制,是我国资本市场向高质量发展的重要一步,将进一步激发市场活力,提升上市公司质量,促进资本市场稳定健康发展。

创业板投资者适当性管理知多少

小费阿姨:小钟老师,最近感觉创业板行情特别火,我也跃跃欲试想买点创业板个股,所以提前来跟您了解一下创业板的相关知识。

小钟老师:那咱们今天就来聊聊创业板。根据《深圳证券交易所创业板投资者适当性管理实施办法(2020 年修订)》第 5 条规定,个人投资者如果想参与创业板交易应当符合两大条件:一是申请权限开通前 20 个交易日证券账户及资金账户内的资产日均不低于人民币 10 万元,不过,这 10 万元不包括该投资者通过融资融券融入的资金和证券;二是要求投资者参与证券交易 24 个月以上。

小费阿姨:那除这些以外,还有什么需要注意的呢?

小钟老师:还真有一点需要您留意:如果您是首次参与创业板交易,证券公司应当要求您签署《创业板投资风险揭示书》,这也是创业板投资者适当性管理的要求。风险揭示书将向参与创业板股票和存托凭证申购、交易的投资者揭示相关风险并进行有效提示。在您签署了风险揭示书以后,就代表您已经理解并且愿意承担参与创业板交易的风险和损失。

小费阿姨:那参与创业板交易,具体都会有哪些风险呢?

小钟老师:首先,创业板公司持续创新能力、盈利能力和抗风险能力的不确定性较大,因为它们往往更依赖新技术、新模式、新业态,且多为轻资产结构,具有技术迭代快、产业升级快、模式易复制、业绩波动大等特点,可能存在公司首次公开发行前尚未盈利,且上市后仍不能盈利甚至持续亏损、无法进行利润分配等情形。其次,创业板退市制度更为严格,后续经营不善的上市公司面临的退市风险将更大。再次,创业板股票交易风险较大。实施注册制后,首次公开发行上市的创业板股票,上市后前 5 个交易日不设涨跌幅限制,其后涨跌幅限制为 20%,由此产生的股价波动风险会更大。最后,创业板公司可能有表决权差异安排,这就意味着普通投资者的表决权利及对公司日常经营等事项的影响力可能会受到限制。除此以外,还有不少其他风险,您在参与前一定要认真阅读《创业板投资风险揭示书》。

小费阿姨:原来参与创业板交易需要注意这么多事项。

小钟老师:是的,不过需要提示您的是,风险揭示书仅为列举性质,您在正式参与交易前,应当充分了解有关法律法规和交易所业务规则等相关规定,并根据自身情况和财务安排进行合理评估,养成良好的投资习惯,这样才能避免因参与创业板交易遭受难以承受的损失。

小费阿姨:看来买股票不仅需要关注上市公司经营和业绩等要素,更应该注重法律法规的学习。

小钟老师:您能有这样的意识真是太好了! 随着创业板改革进一步深化,相关法律、行政法规、部门规章、规范性文件和交易所业务规则等也将相应进行修改或调整,作为创业板投资者,应当及时关注并全面了解。

小费阿姨:好的,在投资创业板股票之前,我一定加强学习,掌握相关法律法规,了解相关规章制度。

小钟老师:您平时遇到其他问题也可以及时来找我们沟通交流。您也可以多浏览“中国投资者网”(https://www.investor.org.cn/),对自己感兴趣的内容进一步了解、学习。

创业板注册制知多少

张大伯:小钟老师好,最近老听别人说创业板注册制,能给我说说这是怎么一回事吗?

小钟老师:创业板是专为暂时无法在主板上市的创业型企业、中小企业和高科技产业企业等需要进行融资和发展的企业提供融资途径和成长空间的证券交易市场。而注册制是证券发行申请人依法将与证券发行有关的一切信息和资料公开并制成法律文件,送交证券监管机构审查,证券监管机构只负责审查发行申请人提供的信息和资料是否履行了信息披露义务的一种制度。

张大伯:原来如此,那创业板注册制对我们中小投资者有哪些重大影响呢?

小钟老师:要说对中小投资者最大的影响,那就是每日涨跌幅限制的变化了。创业板注册制新股上市首五日不设涨跌幅限制,之后涨跌幅限制比例为20%;创业板存量股票、相关基金涨跌幅限制8月24日调整为20%。

张大伯:新股没有涨跌幅限制的话,会不会出现暴涨暴跌现象呢?

小钟老师:创业板无价格涨跌幅限制股票盘中临时停牌的触发阈值为涨跌30%和60%,停牌持续时间为10分钟,在警示交易风险的同时,保障交易连续性和市场价格发现功能。在盘中临时停牌期间,投资者可继续申报或撤销申报。复牌时,交易所对已接受的申报进行复牌集合竞价。这样一来,创业板盘中临时停牌机制对市场流动性影响有限。同时,引入临时停牌机制可以给广大投资者一些冷静时间整理信息,一定程度上缓解个股暴涨暴跌现象,帮助价格回归理性,有利于维护市场稳定和保护中小投资者权益。

张大伯:我看到有些创业板股票前面带有字母,都是什么意思呢?

小钟老师:股票简称中的字母“N”,代表股票上市首日,字母“C”代表股票上市后次日至第五日。股票简称中如果标有字母“U”,表示这家公司尚未盈利;若实现盈利,这个标识就会取消。股票简称中标有字母“W”,代表股票发行人具有表决权差异安排;而字母“V”则代表股票发行人具有协议控制架构或者类似特殊安排。

张大伯:我还不能买卖创业板的股票,这是什么原因?

小钟老师:深圳证券交易所规定创业板个人投资者须满20个交易日且日均资产不低于10万元,且满足24个月的A股交易经验。如果满足条件,那么只要在手机上通过券商软件申请开户就可以了。

第二章

行权小贴士

Interests and Rights of Investors

第一节　个人投资者常犯错误

个人投资者常犯错误之一：处置效应

在股票市场，个人投资者的非理性行为大多具有明显的共性。今天我们要来了解的处置效应就是很典型的一种。

请您回顾自己过往的投资经历，在需要卖掉股票获取资金时，您是卖出亏损股票的次数多，还是卖出盈利股票的次数多呢？如果您的答案是后者，那么您的行为可能就有处置效应的特征。

什么是处置效应？简单来说，就是倾向于卖掉账户里盈利的股票，而保留亏损的股票。研究表明，中国股票市场、基金市场、期货市场的个人投资者普遍存在处置效应。同时，相较机构投资者，个人投资者的处置效应更强。

处置效应有什么危害？也许大家会好奇，持有亏损股票有什么不对呢。如果您经过缜密的分析，认为股票反弹的可能性较大，不卖出亏损股票当然没有什么问题。但是，如果您是感情上对损失有规避情绪，不愿意面对，那么您可能就会是在扶“阿斗”，最终被套牢。许多股票业绩爆雷、大幅下跌甚至临近退市，有投资者还是抱有幻想，甚至卖了别的盈利股票来补仓，最终血本无归。处置效应，会令投资者被个别“黑洞”吸走盈利和本金，丧失投资优质股票的机会。

为什么会有处置效应？学术界认为，“损失厌恶”是产生处置效应重要的原因。“损失厌恶”的来源是人们对盈利和亏损的反应不同。在盈利时，人们是风险回避者，即人们更喜欢确定的收益而卖出盈利的股票；在亏损时，人们是风险厌恶者，即人们不喜欢确定的损失而继续持有亏损的股票。这样的心理与人类的生理构成有关，有心理学家通过核磁共振扫描人的大脑发现，在遭受损失之后，投资者大脑皮层的兴奋区域和遭受损失之前的兴奋区域完全不同。

如何克服处置效应呢?建议您可以从以下几个方面入手。

一是加强对上市公司基本面的研判。如果上市公司的基本面不错,那您在未来还是会有收获;如果上市公司的基本面很差,那就要好好想想是不是值得持有了。

二是建立自己的投资体系并严格执行。近期一项调查显示,在股票亏损10%至50%时,60%的A股个人投资者会出现焦虑情绪。作为一种感情动物,人的行为会被自己情绪影响。完善的投资体系和有效的执行力,有助于我们减少非理性行为带来的损失。

个人投资者常犯错误之二：过度交易

日常生活中，有些个人投资者喜欢博短线、追涨杀跌，想要去追求一些"小确幸"。在这个过程中，往往会犯个人投资者常犯的另一个错误，那就是过度交易。

什么是过度交易？顾名思义，过度交易，是指投资者的交易频率高于合理频率，也就是说投资者的交易过于频繁。

个人投资者喜欢频繁交易，是全球市场都普遍存在的现象，但在A股市场表现得更加明显。一份证券公司的报告测算，A股个人投资者在2013~2016年换手率分别为868%、1138%、2410%、1157%，2015年每半个月就要100%换手一遍。此外，还有一个有趣的现象，女性投资者的换手率显著低于男性。

过度交易有什么危害？研究发现，个人投资者交易频率和投资业绩间存在明显的负向关系，即交易频率越高的个人投资者投资业绩越差。

有人认为，这种负向关系的"罪魁祸首"是各种交易手续费。确实，过度交易者的交易手续费往往会占其本金一个很显著的比例。那么，是否免除交易手续费，过度交易者的投资业绩就不会那么差呢？答案是否定的。

研究发现，即使不考虑交易费用，交易频率和投资业绩的负向关系依然显著。例如，朱宁在《投资者的敌人》一书中指出，交易越频繁的个人投资者，在扣除交易费用之前的收益水平就相对越低，业绩越差。

是什么原因导致了交易频率和投资业绩间的负向关系呢？

过度交易与过度自信相关。过度自信，会让投资者难以理性、客观地作出投资判断。

过度自信者通常会高估自己的能力和知识。从生理学和心理学的角度来看，过度自信很大程度上是为了保证一个人的生理和心理健康。但在投资过程中，过度自信容易产生不好的影响，使个人投资者形成非理性的交易行为。过度自信者往往过于相信自己的判断能力，很容易依据短时间内作出的草率判断快速买入或卖出，而这种没有经过谨慎思考的决策往往会带来投资损失。

如何避免过度交易？建议可以从以下两个方面入手。

一是客观评估交易业绩。在牛市时，个人投资者盈利的可能性较高，部分个人投资者只把这种交易业绩归因于投资能力，容易产生过度自信的心理。客观评估交易业绩,有利于全面认识自己的投资能力,并不断进行反思和提升。

二是谨慎进行投资决策。在进行投资决策前,需要避免自身和外部情绪的影响,分析各类市场信息,作出理性判断。否则,凭运气赚来的钱,还会凭实力亏回去。

个人投资者常犯错误之三：天真的分散投资

詹姆士・托宾凭借“资产组合选择理论”获得诺贝尔经济学奖，该理论考察家庭和企业以各种不同的实物和金融资产形式持有财富的决策过程。由于股票、债券等资产的预期回报率存在不确定性，因此，该理论可以看作投资者在权衡比较各种资产的预期回报率与风险程度而作出的投资决策理论。“投资组合选择理论”的精髓是分散投资风险，“不要把你所有的鸡蛋放在同一个篮子里”。

在实际操作中，有的投资者将“鸡蛋”放在了不同的篮子里，却装在了同一辆车上。这部分投资者简单地将自己的资产平均分成多份，在每只基金、股票等金融资产投入相同的钱。他们只是简单考虑了资产的个数，而忽略了两种资产类别或者不同资产之间的相关性，从而导致持有的金融资产过于集中或相关性过高，遇到市场调整时损失惨重。

《投资者的敌人》一书中提到，造成投资集中化的原因之一是投资者没有意识到多元化投资的重要性，或者说不想进行多元化投资。一方面，这与投资者的“过度自信”有关。投资者每次决定买入某只股票的时候，认为自己对这家公司非常了解，并坚信自己买入股票后一定会赚钱，从而忽视了通过多元化投资来防范股价下跌的风险。另一方面，受到“处置效应”影响，投资者面对浮亏的股票，往往不情愿卖出，而是盲目地相信浮亏有朝一日必定会扭亏为盈。这种心态导致被遗忘的浮亏股票沉淀了下来，而投资者在新的投资组合中，并没有将这只股票作为一部分考虑，从而弱化了投资组合分散风险的作用。

造成投资集中化的另一个重要原因是投资者对于收益的关注远远高于对风险的关注。中国证券投资者保护基金有限责任公司发布的《全国股票市场投资者状况调查报告》显示，收益率和风险程度是受调查投资者投资金融产品的主要考虑因素，而收益率的关注度显著高于风险程度，说明我国投资者存在盲目追求投资收益而忽视投资风险的倾向。这导致投资者在作投资决策时，更多地考虑单只股票的表现，甚至在业绩表现较好时，加大该标的或相关领域的投资，提升了投资组合的整体风险。

投资者往往倾向于投资自己熟悉的东西也是造成投资集中化的原因之一。股神巴菲特的投资理念之一，就是“只投资那些我看得懂的东西”。然而，对普通投资者来说，往往会因熟悉而产生正面的判断，不能客观考量投资标的的风险。上海交通大学上海高级金融学院朱宁教授在《投资者的敌人》一书中提到,其在中国和美国两个市场的研究表明,投资熟悉的企业确实可以给投资者带来更高的收益,但研究同时表明,他们的业绩并不能跑赢大盘。

回顾一下过往的投资经验,你是否也有过将鸡蛋放在了不同的篮子里,却装在了同一辆车上的经历?其实在很多时候,投资者所作的决定已经不知不觉地被所处的环境所影响。投资者需要清醒地意识到,自己在作投资决策的过程中,最重要的原则和最需要了解的事实是什么,从而作出理性的投资决策。

个人投资者常犯错误之四：熟悉性偏好

您是否有过以下经历？读书期间，面对一道不确定的选择题，您更倾向于选择自己熟悉的那个答案；当您在一个陌生的城市吃饭时，会习惯性选择自己听过的餐饮店；当您需要购买一件衣服时，习惯性地会选择您买过或听过的品牌。相信每个人或多或少都有过这样的经历，可以从心理学角度给出解释。

心理学上有个概念叫作"Familiarity bias"，中文翻译为熟悉性偏好或熟悉度偏见。在面对未知或者迟疑时，普通人更倾向相信自己熟悉的东西，认为自己对更熟悉的事物存在某种信息优势，并持更乐观的态度。

在证券投资市场上，熟悉性偏好也是存在的。比如，普通个人投资者在选择股票时，熟悉性偏好的表现就是，在没有专业外力（证券客户经理、银行客户经理、基金客户经理等专业金融从业人员）帮助的情况下，往往下意识地选择自己耳熟能详的大上市公司、广告做得多的上市公司；在购买基金时，往往下意识地选择自己熟悉的基金公司产品或知名基金经理管理的基金。普通个人投资者的这些下意识选择，往往都不是客观、理性和科学的，有可能让自己既忽略了熟悉领域的风险，又错过了不熟悉领域的投资机会。

为什么会出现这种情况呢？熟悉性偏好的概念起源于心理学，尽管这些年行为金融学研究得比较多，但其产生的原因依旧主要来源于人的心理层面。探求其原因，可能有以下几点：一是普通人对不熟悉的事物天然的恐惧心理；二是信息幻觉，普通人往往会过度相信自己已经获得的信息；三是控制力幻觉，可以说近乎所有人都喜欢在自己比较熟悉的环境下行动。所以说，普通个人投资者对未知的恐惧加上对熟悉性的信息幻觉和控制力幻觉，使自身表现出熟悉性偏好行为。

普通个人投资者该如何面对熟悉性偏好呢？理论上说，成功的投资有两个要素：一是规避风险；二是发现价值。但对普通个人投资者来说，要跨越思维偏见，获取熟悉领域外的信息，进而规避风险、发现价值，是一件非常困难的事情。同时，行为金融学上所讲的熟悉性偏好，本质上是一种将普通个人投资者群体与专业投资者群体对比而得出的相对化的概念。普通个人投资者在没有外力帮助的情况下，大概率比不过专业投资者是已经被公认的既定事实。

所以，对普通个人投资者来说，在没有专业外力帮助的前提下，不应轻易否定自己过往的投资方法,因为每个普通个人投资者所作的决策都是依据他可以得到的全部信息作出的最优决策;在有专业外力帮助的情况下,应充分加以利用,尽可能多地获取全面客观的信息并理性面对,力图客观地作出投资决策;最后,如果普通个人投资者因为各类原因无法作出有效决策,那就将投资交由专业人员吧。

个人投资者常犯错误之五：跟风交易

跟风交易,学术上被称为“羊群效应”。这一理论最初由心理学家提出,1992 年,经济学家班纳吉(Banerjee)首次给出了具体概念,他把股票市场上投资者相互模仿的行为称为“羊群效应”,虽然不同学者给出的定义有所差异,但本质都是投资者在追求利益最大化时导致的非理性从众心理带来的跟随行为。

根据投资者是否故意模仿他人决策,可以将“羊群效应”分为真实和虚假羊群行为。真实羊群行为,是指投资者放弃自己掌握的信息,而单纯的模仿和跟随别人的决策。这种跟风行为是投资者非理性的表现,违反了理性人的假设。而虚假羊群行为则是指投资者在同样获得足够有用信息后,为了自身利益采取行动,其行为结果正好相似。其中,真实羊群行为又分为理性羊群行为和非理性羊群行为。理性羊群行为,是指市场上投资者的羊群行为是基于自身利益最大化的要求。在证券市场上,这类行为的基础是上市公司的基本面发生变化,理性羊群行为能实现资源配置的有效性。非理性羊群行为则是指市场投资者并非从自身利益最大化出发,而仅是一种随机行为,与股票的实际价值无关,会导致市场效率下降。

“羊群效应”产生的原因在不同学科领域中有不同的解释,经济学认为是由信息不对称性引起的。总结起来大概有以下两点:一是从众心理。人是群居性动物,喜欢向群体靠近,一方面,个体获得的信息大多数来自大众,另一方面,自己的想法即使是正确的,但如果和大众的想法不一致也不敢坚持;二是个人投资者专业能力不足。个人投资者研究领域不同,专业金融投资知识水平参差不齐,部分投资者对金融市场理论和实际运行架构方式了解不深,缺乏对市场的判断分析能力,并且投资者之间相互影响,比如,在熊市时整体偏悲观,在牛市时又过于乐观。

为避免跟风交易带来的不利结果,个人投资者应准确看待“羊群效应”,保持头脑清醒,理性投资,不偏信,不盲从。

第二节　上市公司退市案例和分析

暴风集团退市案例解析

2020 年 7 月 8 日，因暴风集团股份有限公司（以下简称暴风集团或公司）在股票被暂停上市后的一个月内仍未能披露 2019 年年度报告，根据《深圳证券交易所创业板股票上市规则（2018 年 11 月修订）》第 13.4.1 条第 9 项规定，公司股票自当日起被深圳证券交易所暂停上市。被暂停上市后的一个月内，公司仍未能披露 2019 年年度报告，深圳证券交易所于 2020 年 8 月 28 日正式作出终止其上市的决定。经过 30 个交易日的退市整理期，该股于 2020 年 11 月 18 日正式摘牌，转入全国中小企业股份转让系统进行股份转让。这只曾在 40 天内创造出 36 个涨停板“神话”并曾达到 400 亿元市值的股票，在上市仅短短 5 年内就退市了，给投资者带来了巨大的损失。

一、退市原因分析

（一）重大投资决策失误风险控制失效

2016 年 4 月，暴风集团及合伙企业合资募集 52.03 亿元，通过设立产业并购基金的方式完成对 MP&Silva Holding S. A.（以下简称 MPS）65% 股权的交割。依据关于收购 MPS 股权的回购协议，如各方未能于初步交割完成后 18 个月内完成最终收购，暴风集团将向各合伙方承担损失赔偿责任。MPS 主要从事媒体传播权管理，在暴风集团交割完成后，MPS 的核心管理层相继离职，引发其随之失去各项体育赛事的转播权，经营陷入困难，最终于 2018 年 10 月破产，导致暴风集团未能完成收购，并面临巨额损失赔偿责任。同时，暴风集团面临多个重大项目运营失败的损失赔付风险。

短短两三年时间，公司运营基本停滞，并直接引发财务风险。2019 年 9 月 30 日，暴风集团公告称,合并财务报表存在经审计后归属于上市公司股东的净资产为负的风险。之后,大华会计师事务所与其终止合作。由于公司在法定年报披露截至日前仍未聘请到审计机构,导致公司的2019年年报无法按期披露,最终触发了退市指标。

(二)公司治理存在缺陷信息披露未能充分

根据暴风集团2016年的公司章程,“审议批准金额超过公司最近一年期经审计的净资产50%,且绝对金额超过3000万元的对外投资”需经股东大会审议。由于公司系通过参与设立产业基金的方式开展对MPS公司的收购,初始投资金额仅1.4亿元,因此收购方案仅通过了董事会审议,未经股东大会审议决议。由于未充分考虑收购失败后对各参与方损失全额“兜底”的杠杆效应,这一投资决策以整体重要性降维的形式,规避了股东大会审议这一公司治理的关键环节。

与此同时,公司未充分披露收购协议中承诺的兜底条款及涉及金额等重大风险事项,亦未对MPS股权交割后发生的一系列重大事项进行跟踪披露。尽管上述事项不属于《上市公司信息披露管理办法》所明确列举的重大事项,但就该杠杆性投资所蕴含的高风险来看,信息披露不完整将广大投资者置于信息高度不对称的弱势地位,既无法参与治理决策,又无从进行交易决策。

二、投资者行为分析及损失计算

(一)投资者舆情热度方面

经统计,自暴风集团2016年收购MPS事件为起点,至公司进入退市程序,投资者围绕MPS事件参与讨论人数和评论量呈现先增后减趋势,于2020年9月21日,即暴风集团发布退市公告这一时点达到峰值;相关文章阅读量和文章转载量在2019年11月21日,即公司公告财报净资产为负时达到峰值。整体而言,投资者群体对暴风集团退市重大事件的关注度及反应具有一定的滞后性。上市公司信息披露的不充分性无疑是主要原因。

(二)董监高履职与投资者参与治理指标

为再现公司董事勤勉尽责情况以及投资者在股东大会上的参与度,投服中心基于自公司收购MPS至退市完成期间的公告,董事会成员赞成、反对票数情况,以及股东大会中投资者的分类参与与投票比例情况进行了梳理。遗憾的是,一方面,因上文所分析的原因,投资者未能参与MPS的投资决策;另一方面,公司在相关重要事项的决策公告中均未披露董事会成员的具体审议投票数据,难以从中简单判断董监高具体履职情况。

(三)交易整体损失计算

参考投服中心损失计算软件算法逻辑,以公司发布退市整理期公告日至证券累计成交量达到其可流通部分 100% 之日为评估计算期间,计算持有暴风集团股票的投资者受退市单一事件影响的整体损失程度。经计算,排除同期局部性系统风险 2.3%,退市这一事件给暴风集团整体投资者造成的损失近 97.7%。

暴风集团一度创造 A 股二级市场股价走势“神话”,到最后资不抵债黯然退市,有客观原因也有公司管理层的主观失误。作为投资者保护机构,投服中心呼吁上市公司以此为鉴,完善公司治理与信息披露,切实提高决策透明度与公平性;呼吁广大投资者做“专业股东,积极股东”,敢于向损害中小股东权益行为积极发表自身观点、维护自身权益。

长生生物退市案例分析

一、退市依据

2018 年 10 月 16 日,长生生物科技股份有限公司(以下简称公司)主要子公司长春长生生物科技有限责任公司(以下简称长春长生)因违法违规生产疫苗,被药品监督管理部门给予吊销药品生产许可证、罚没 91 亿元等行政处罚。上述违法行为危害公众健康安全,情节恶劣,严重损害国家利益、社会公共利益,属于《深圳证券交易所上市公司重大违法强制退市实施办法》第 2 条第 2 项“上市公司存在涉及国家安全、公共安全、生态安全、生产安全和公众健康安全等领域的违法行为,情节恶劣,严重损害国家利益、社会公共利益,或者严重影响上市地位,其股票应当被终止上市的情形”,以及第 5 条规定的重大违法强制退市情形。据此,深圳证券交易所于 2019 年 1 月 14 日作出对公司股票实施重大违法强制退市的决定,公司股票自 2019 年 10 月 16 日起进入退市整理期,2019 年 11 月 27 日终止上市并摘牌。

二、退市归因分析

(一)违法违规,危害社会公共利益

2017 年 11 月 6 日公司发布公告称,子公司长春长生生产的批号为 201605014 - 01 的百白破联合疫苗在中国食品药品检定研究院的药品抽样检验中被检出效价指标不符合标准规定。2018 年 7 月 20 日,公司收到《吉林省食品药品监督管理局行政处罚决定书》,因长春长生所产的百白破联合疫苗违反了《中华人民共和国药品管理法》第 49 条第 1 款“禁止生产、销售劣药”的规定,公司被行政处罚,百白破生产车间被停产。2018 年 7 月 16 日,公司公告称国家药品监督管理局披露通告指出,经对长春长生的飞行检查,发现其冻干人用狂犬病疫苗生产存在记录造假等严重违反《药品生产质量管理规范》行为,收回《药品 GMP 证书》并责令停产。

公司作为医药生产企业,产品质量的安全可靠关系到社会公众的健康安全,却未能严格执行生产规范,导致主要产品接连出现质量问题,影响面广泛,引发社会公共安全危机,最终导致公司发生巨大的经营风险,并使投资者遭受巨大损失。

(二)公司治理存在缺陷,信息披露不完整、不充分

根据中国证监会《行政处罚决定书》(〔2018〕117 号),公司存在未按规定披露相

关产品抽验不合格、全面停产及召回的信息以及相关产品有关情况的公告存在误导性陈述及重大遗漏;未披露被吉林省食药监局调查的信息;未披露长春长生相关产品GMP证书失效和重新获得GMP证书以及2015~2017年年报及内部控制自我评价报告存在虚假记载等问题。2017年11月6日,公司披露子公司百白破疫苗相关情况时,在该疫苗被检出效价指标不符合标准、全面停产并召回、相关药品监管部门已介入的情况下,仅以不合格批次疫苗(批号201605014-01)销售收入占公司销售收入总额比例较小为由,披露疫苗抽验不合格对公司目前经营无重大影响,而未将公司对该疫苗全面停产、启动召回程序、相关监管部门介入及可能产生的其他影响向投资者完整披露。上述行为以避重就轻的方式淡化市场关注,严重误导投资者,侵害了投资者权益,扰乱了正常的市场秩序。

三、投资者行为分析及损失计算

(一)投资者行为分析

公司于2017年11月6日发布的《关于子公司产品有关情况的公告》披露了长春长生百白破疫苗效价指标不符合标准规定的情况,投资者对该事项并未引起较高程度的关注。直至2018年7月16日,公司公告称长春长生冻干人用狂犬病疫苗生产存在记录造假等违法违规行为,引发投资者强烈而广泛的关注,股价也从这一时点开始连续跌停,从24.55元/股下跌至3.27元/股。

(二)投资者损失计算

参考投服中心损失计算软件算法逻辑,自公司发布深圳证券交易所退市决定公告日至公司证券累计成交量达到其可流通部分100%之日,剔除同期全局性系统风险后,退市这一事件对长生退投资者的损失所产生的影响占比约为84.7%。

千山药机退市案例分析

千山药机(300216)于2011年5月在深圳证券交易所上市,曾是A股医疗器械第一股。然而自2018年起,千山药机陷入债务违约、资金占用、虚假陈述等一系列问题,终因2017~2019年连续3年被出具无法表示意见的审计报告等原因,触及了《创业板股票上市规则》第13.4.1条第2、3、5项规定的股票终止上市情形,于2020年7月14日被深圳证券交易所终止上市。

一、退市原因分析

(一)内部控制失效,实控人掏空公司资产

千山药机股权较分散,除创始人、董事长刘某华持股约14%以外,其余前十持股股东都不足5%。刘某华、刘某等8位股东结为一致行动人,共持股26.64%,为公司实际控制人。但上述方式并未发挥作用,千山药机"三会一层"缺乏有效的内部制衡机制,刘某华实际控制着公司并经常凌驾于内部控制之上,以资金占用等方式掏空了千山药机。

根据中国证监会出具的《行政处罚决定书》,刘某华及其胞弟刘某山通过直接或支付工程款、贷款等名义,将千山药机的资金转移至其实际控制的账户,并将千山药机通过民间借贷所融得的资金直接从出借方账户转至其实际控制的账户。2017~2019年,刘某华、刘某山通过上述方式共占用上市公司资金195,694.47万元,截至2019年年末,尚余92,710.37万元未归还。因还款计划未产生明显效果、收回资金希望渺茫,千山药机对上述金额全额计提了坏账准备。

除此之外,刘某华还越过董事会和股东大会审批机制,以千山药机名义对外提供担保。截至2018年年末,千山药机存在违规对外担保15项,总额约3.50亿元,其中为刘某华和刘某山提供的违规担保8项,约1.73亿元,严重侵害了上市公司及投资者的合法权益。

(二)多元化扩张战略冒进,频繁收购致债务危机

作为传统制药装备企业,千山药机从2014年起谋求转型,在基因检测、大健康管理等领域发起了多笔金额庞大的并购。但由于收购资金多数来自银行借款、信托和民间举债,公司债务总额、财务费用增长迅速,而所收购的公司大多经营不达预期甚

至亏损,导致千山药机无力偿还巨额债务而爆发流动性危机,生产经营陷入停滞。

此类并购案中比较典型的是,千山药机于2015年以5.56亿元现金收购了刘某山等持有的乐福地100%股权。但收购后乐福地经营情况远不及预期,除2015年实现业绩承诺外,2016年扣非归母净利润为441.12万元,仅完成业绩承诺的8.82%;2017年扣非归母净利润-2593.04万元,经营亏损。因未实现业绩承诺,乐福地原股东共应支付55,448.72万元补偿款,但截至2019年年末,尚有36,122.19万元补偿款未支付,上市公司对此全额计提了坏账准备。此外,千山药机于2017年对乐福地3.14亿元商誉全额计提减值,导致自2011年上市以来首次出现亏损。

二、投资者行为分析

由于刘某华、刘某山系通过资金占用、违规担保方式转移公司资金,均未提交股东大会审议且相关事实披露滞后,无法分析行为发生时投资者的决策行为。而在千山药机实施扩张战略的历次收购中,绝大多数投资者赞成或未参与决策。以收购乐福地为例,除关联股东回避表决外,参加表决的股份总数约2015万股,其中反对仅13.46万股,占比0.668%。

为再现投资者对千山药机重要事件的关注度,投服中心以"东方财富网"和"股吧"数据为样本,对投资者舆情进行了统计。在千山药机收购乐福地事件中,投资者在事前决策阶段并未对收购事项充分关注(公告收购事项时仅70人参与讨论、870条相关评论),而在收购完成给公司造成不良后果时的关注已无济于事(乐福地未完成业绩承诺时1810人参与讨论、3500余条评论)。

千山药机因实控人侵占公司资产、盲目扩张等原因一步步陷入债务危机,最终触发强制退市,究其根本是公司治理不规范、内部控制不健全。投服中心呼吁上市公司完善公司治理,切实提高公司质量。同时,呼吁广大中小投资者密切关注上市公司的资本运作,警惕公司多元化扩张风险,切勿被上市公司追逐市场热点和概念的讲故事式重组迷了眼。

龙力生物退市案例分析

2019 年 5 月 11 日，山东龙力生物科技股份有限公司公告，因 2017 年、2018 年公司连续两个会计年度经审计的净资产为负值，且两个年度财务报告被出具了无法表示意见的审计报告，根据上市规则第 14.1.1 条、第 14.1.3 条的规定，公司股票自 2019 年 5 月 15 日起暂停上市。因公司 2019 年度净资产仍为负值，且年度财务报告再度被出具无法表示意见的审计报告，深圳证券交易所于 2020 年 5 月 22 日正式作出终止其上市的决定。经过 30 个交易日的退市整理期，该股于 2020 年 7 月 15 日正式摘牌，转入全国中小股份转让系统进行股份转让。这家着眼于技术研发和产品创新的低聚木糖生产企业在上市 9 年后黯然退市，给投资者带来了巨大损失。投服中心对该公司退市始末进行了分析，供广大投资者借鉴。

一、退市原因分析

（一）债务违约暴露资金链问题

2017 年 12 月 19 日，公司对网络媒体所报道《上市公司龙力生物违约，陆金所大同证券中海信托踩雷》系列新闻作出回应，承认其对大同证券管理的资金集合计划的一笔金额为 22,656 万元的债务出现违约。此时，公司半年报显示其仍有货币资金 9.52 亿元，引发各方对其银行资金是否存在冻结的疑问与关注。深圳证券交易所于当日下发关注函，要求公司就已被银行冻结账户的详细情况等事项说明是否出现资金链紧张。2017 年 12 月 27 日，公司在回复函中表示，其确实存在流动资金暂时性短缺的情况，且前期账务处理及其内部控制可能存在一定错报风险。2018 年 1 月 12 日，因公司涉嫌存在信息披露违法违规行为，中国证监会决定对公司进行立案调查。2018 年 1 月 23 日，公司主承销商华英证券出具了专项现场检查报告表示，公司从募集资金专户分次将资金划转至上市公司其他银行账户，未按规定用途使用，亦未履行相应决策程序和信息披露义务。

（二）连续数年虚增利润财务造假

从表面看，龙力生物退市的导火索是被媒体曝光的债务违约事件，但究其根本则是财务造假。2015 年，龙力生物结束了连续 3 年的营业收入负增长，由 7.76 亿元逐年攀升至 2017 年的 19.66 亿元，2014 年、2015 年、2016 年和 2017 年营收增速分别为

-16.18%、2.54%、13.30%和123.50%。与此同时,长期借款亦由2015年的4000万元膨胀到2017年的10.34亿元。此外,在建工程、其他应收账款等科目亦出现异常增长。

2020年4月24日,证监会发布公告,对龙力生物自2015~2017年上半年通过删改财务核算账套虚增利润等违法事实的核查情况进行了披露。根据中国证监会《行政处罚决定书》,龙力生物实施财务造假主要有以下手段:一是删除、修改、伪造大量会计凭证、相关单据将部分募集资金从募集资金专户转入一般账户,变更募集资金用途虚增银行存款;二是删除短期借款、长期借款、其他应付款、应付票据等科目中与借款相关记账凭证虚减负债;三是删除与借款相关的利息费用、居间服务费等记账凭证虚减财务费用、管理费用以虚增利润。证监会将龙力生物作为系统性造假的典型,对相关人员采取了警告、罚款、市场禁入等处罚措施。

二、投资者行为分析

经统计,自龙力生物2017年回应媒体所报道的债务违约事件为起点至进入退市程序,投资者参与讨论人数和相关文章阅读量呈现逐步减少的趋势,并于2020年5月22日即龙力生物终止上市并摘牌这一时点小幅反弹后继续减少。可见此类退市在事件发酵初始对投资者的冲击极强,但后续由于公司久病沉疴、积重难返,董监高大幅减持,投资者的信心快速流失,加之缺乏维权手段,对相关事件的关注度同步降低。

投服中心认为,此类上市公司系统性造假事件对投资者造成的损害极具隐蔽性和破坏性。由于投资者处于信息弱势地位,维权能力又极为有限,很难在事件发生过程中及时作出准确的投资决策。但此类事项并非完全无迹可循。对于上市公司财务指标异常变化,特别是营收增速突然由负转正并伴随负债急剧膨胀的事件,投资者应理性分析,尽量避免盲目乐观。同时,投服中心认为,应继续加大会计师事务所提高审计执业专业性与规范度的监管力度,并督促上市公司独董与审计委员会切实发挥内部监督作用,从源头上控制风险,避免系统性造假事件再次发生。

神雾环保退市案例分析

神雾环保(300156)因2020年4月24日至2020年5月27日股票连续20个交易日每日收盘价均低于每股面值,于2020年6月18日被深圳证券交易所终止上市。经梳理,导致公司走向退市的主要原因为公司利润质量差与公司内控失效。

一、利润质量差　投资者关注度不高

神雾环保的前身为上市公司天立环保。2014年,神雾科技集团股份有限公司(以下简称神雾集团)通过司法划转获取了上市公司天立环保的控股权,此后天立环保更名为神雾环保。2015年,神雾环保通过发行股份方式收购了神雾集团持有的神雾工业炉100%股权。此后,神雾环保业绩大幅增长,2015年与2016年公司营业收入分别达12.15亿元与31.25亿元,同比增长91%与157%,归母净利润分别达1.81亿元与7.06亿元,同比增长96%与289%。其间,伴随公司业绩高速增长的是公司逐年递增的关联交易,2014年公司关联方销售占营业收入的比重约为25%,而2015年与2016年这一比例增加至约50%与58%。此外,同期公司的应收票据及应收账款大幅增长,同比增加162%与65%(2016年公司近54%的应收账款属于关联方)。值得注意的是,虽然公司营业收入与净利润维持在较高水平,但公司的经营性现金流却并不乐观,2015年与2016年公司经营活动产生的现金流量净额分别为1.09亿元、2.18亿元,虽为正数但远小于同期净利润。总而言之,虽然公司此时业绩十分亮眼,但高比例的关联交易、大额的应收款项、表现不佳的经营现金流已显现出公司利润质量不高的迹象,为公司后来遭遇流动性危机、经营迅速恶化埋下了伏笔。

2017年下半年,由于应收款项回款不及预期以及向供应商、分包商支付了大额款项,公司陷入了流动性紧张,在建重点工程项目进度放缓,经营业绩开始出现下滑,当年营业收入与归母净利润分别下降至28.09亿元与3.61亿元,同比减少10%与49%。然而,在营业收入同比下降、回款不及预期的情况下,公司关联方销售占比却进一步增长至86%,应收票据及应收账款同比增长91%,同期经营活动产生的现金流量净额为-13.58亿元。

2018年3月14日,公司公告称因流动资金较为紧张,未能如期兑付“16环保债”回售本金和利息。此后公司的种种问题全面暴发,主要工程项目施工停滞,大额债务

逾期,诉讼和仲裁案件增多,人员大量流失,经营急速恶化。2018年,公司业绩呈现"断崖式"下跌,全年营业收入与归母净利润仅为0.51亿元与-14.94亿元,同比减少49%与514%。当年,公司共计提资产减值损失10.4亿元,其中应收账款、其他应收款及预付账款的坏账损失约6.74亿元,公司高应收账款、低现金流的风险充分显现。直至退市,公司仍未披露2019年年报,根据2019年业绩预告,公司2019年预计亏损15.92亿元至15.97亿元。

虽然神雾环保利润质量差的问题已在公司财务报告中有所体现,但绝大多数投资者在审议公司年报或审议公司签订重大合同暨关联交易的议案时均投了赞成票。即使在公司业绩暴跌的2018年,也仅有0.1479%的投资者对公司年度报告投出了反对票,投资者参与公司决策的积极度不高。

二、公司内控失效 为关联方违规担保

公司内控制度未被有效执行也是导致公司业绩迅速恶化的重要原因。公司虽制定了《对外担保管理制度》以确保有效控制公司及其控股子公司的担保行为,但上述内部控制制度未能被有效执行。根据2019年5月23日北京证监局下发的《关于对神雾环保技术股份有限公司采取出具警示函行政监管措施的决定》(〔2019〕41号),神雾环保2015年、2017年7月至2018年1月,未履行公司用印程序、股东大会审议程序以及信息披露义务,为控股股东神雾集团及其子公司借款提供担保,累计金额约10亿元。由于控股股东神雾集团及其子公司债务违约,公司作为连带责任担保方被债权人起诉,公司分别在2018年年报、2019年三季报中计提预计负债8712万元与5.22亿元,这对经营已陷入困境的公司来说无疑是雪上加霜。

神雾环保从昔日风光无限到后来退市,带来的教训不可谓不深刻。投服中心呼吁上市公司完善公司治理,切实提高公司质量。同时,呼吁广大中小投资者密切关注上市公司公告,及时警惕公司经营恶化迹象,保护自身合法权益。

中弘股份退市案例分析

一、退市依据

2018年9月13日至10月18日，中弘控股股份有限公司(简称中弘股份或公司)股票连续20个交易日的每日收盘价均低于股票面值(1元)，上述情形属于《深圳证券交易所股票上市规则(2018年修订)》第14.4.1条规定的股票终止上市情形。根据《深圳证券交易所股票上市规则(2018年修订)》第14.4.1条第18项、第14.4.2条的规定以及深圳证券交易所上市委员会的审核意见，2018年11月8日深圳证券交易所决定公司股票终止上市。中弘控股于2018年11月16日起进入退市整理期，2018年12月28日终止上市并摘牌。投服中心对该公司的退市始末进行了归因分析，供广大中小投资者参考。

二、退市归因分析

(一)公司财务造假虚增利润，“三会一层”履职不到位

中弘股份2017年三季度报告财务数据显示当期营业收入为28.42亿元，同比增加31.26%。而在2017年3月26日，北京市发布了《关于进一步加强商业、办公类项目管理的公告》，明确要求对北京市的商办类项目进行监管。根据中原地产研究中心统计数据，2017年北京商住房成交仅5409套，同比下跌94.6%，成交均价跌幅超过30%。公司主要产品北京御马坊项目和夏各庄项目均包含大量商住房，在北京加强商办项目调控的背景下，公司2017年前三季度营业收入增长显得极其异常，公司董监高均保证公司的财务数据真实、准确、完整，不存在虚假记载。但安徽证监局出具的《行政处罚决定书》显示，2017年前三季度中弘股份违规扩大12家子公司借款费用资本化范围，少计财务费用，直接导致中弘股份虚增前三季度利润8.58亿元。通过虚构房产销售虚增2017年前三季度营业收入、利润分别为13.58亿元、5.91亿元。

本次财务造假事件反映出公司董事会履职有效性不足，监事会监督不到位，严重打击了投资者的信心。公司公告被立案调查后的4天内，公司股价从1.01元下跌至0.77元，跌幅达23.76%，换手率累计达14.55%。投资者纷纷选择“用脚投票”，公司也面临面值退市的困境。

(二)控股股东连续非经营性占用上市公司资金,损害公司和广大投资者利益

根据安徽证监局出具的《行政处罚决定书》,2016~2017年,公司控股股东中弘卓业及其关联方天津广某存在非经营性占用上市公司资金的情况。2016年中弘股份通过其子公司微某岛旅游向天津广某累计提供资金43.67亿元,2016年年末天津广某归还所有占用资金。2017年微某岛旅游向天津广某累计提供资金162.45亿元,2017年年末天津广某占用公司资金61.38亿元。

中弘股份2017年资产负债率已经达到81.26%(2017年房地产行业平均资产负债率为62.10%),有息负债率达到79.93%(2017年房地产行业平均有息负债率为43.49%),偿债压力极大。而控股股东置公司困境于不顾,2016年至2017年连续非经营性占用上市公司资金,加重了公司的财务费用负担,干扰了公司的正常经营,损害了公司和广大投资者的利益。

三、投资者行为分析

2018年8月14日晚,中弘股份公告因公司涉嫌虚增业绩被安徽证监局立案调查,股价跌停并首次跌破1元,收盘价为0.94元,成交额3.2亿元。随后股价便在0.71元至1元波动,成交量显著放大,当季公司股东户数达到该股历史最高的274,498人,截至公司终止上市时回落至189,655人,居于正常交易时的平均水平,说明投资者在此期间可能更多从公司“保壳”的角度进行博弈,而忽视了公司可能面临的风险。

天广中茂退市案例分析

天广中茂股份有限公司(002509,以下简称天广中茂或公司)因2020年4月9日至2020年5月11日连续20个交易日的每日收盘价均低于1元,于2020年5月27日被深圳证券交易所终止上市。投服中心对该公司退市原因进行了分析,供广大投资者借鉴。

一、退市归因分析

(一)高溢价跨界并购　巨额商誉减值

天广中茂于2015年作价24.69亿元购买中茂园林及中茂生物100%的股权后,跨界进入园林、食用菌行业。收购完成初始,公司的营收及净利润虽出现大幅增长,但同样激增的还有应收账款。同时,公司经营活动现金净流量也自2016年起由正转负并呈现大幅流出态势,埋下了隐患。此后,中茂园林、中茂生物因盈利不达预期,公司于2018年、2019年对其合计计提了12.97亿元商誉减值准备,亦导致公司出现自上市以来的首次亏损。这两家子公司的业绩承诺未实现,而承诺方又无力补偿,给公司利益造成了进一步损害。

仔细观察,不难发现两家子公司存在较大的经营风险及估值不合理处。例如,中茂园林在工程建设期间会占用大量资金且部分项目还需垫资,而运营资金本就不充裕的天广中茂,无疑将面临较大的流动性风险。事实表明,中茂园林因回款缓慢使公司运营资金极度紧张,以致诸多项目延期或停工,公司经营环境进一步恶化。对中茂生物,根据历史经营数据显示,其市占率虽较低但毛利率却远高于同业可比公司,公司解释称主要系销售价格高和平均成本低所致。实际上,中茂生物所在的食用菌行业企业众多,竞争十分激烈,且自2012年起国内食用菌产品价格已呈现下跌趋势,而公司关于高毛利率的理由显然与行业状况不符。

(二)股东违规担保频发　公司内控存重大缺陷

根据公司公告,2016年11月至2017年1月,公司股东邱某国违规占用中茂园林资金合计1.8亿元,虽然其占用资金后续已全部归还,但公司内控缺陷的问题却仍然存在。根据2020年4月24日深圳证券交易所下发的纪律处分决定,2017年3月至2018年11月,公司股东邱某国通过时任董事长邱某期及中茂园林、中茂生物的有关人员,在未经公司内部审批的情况下,使用中茂园林及中茂生物公章为其相关债务提供担保,担保金额合计约3.93亿元,直至公司退市时上述违规担保仍未能解除。

(三)债务违约战投离场 公司流动性枯竭

2019年12月10日,天广中茂发布《关于公司债券违约的公告》称,公司不能支付于2016年发行的12亿元公司债券本金及利息,导致实质性违约。公司亦因此被债权人起诉并提请破产重整。由于经营情况恶化、工程复工无望,天广中茂在2019年引入的战略投资东方某来也在短时间内选择离开,使其解决债务的压力进一步加大。值得一提的是,天广中茂的创始人陈某玉、陈某团姐弟自公司跨界并购推高股价以来,就不断减持公司股票。

二、投资者行为分析

根据"东方财富网"数据,投服中心发现在收购中茂园林和中茂生物预案发布当日及后3天,"股吧"内参与讨论该事项的人数、评论数及相关文章的阅读量均较预案披露前有大幅增长。其中,有投资者认为公司跨界收购有利于短期内提升股价;还有部分投资者觉得两家标的公司质量太差,对此次并购事项非常失望。尽管投资者反对和质疑的声浪很高,但在召开股东大会审议该事项当日,现场参会及参与网络投票的中小股东却只有30人,且仅有8000股投了反对票,占出席会议中小股东的持股比例不到0.03%。

作为A股市场曾经的"消防第一股"天广中茂因盲目跨界收购、违规担保等原因导致业绩巨亏,并一步步陷入债务危机,最终失去市场认可,触发强制退市。究其原因,既有公司投资决策的不审慎,也有董事履职不充分、股东参与不积极的问题。投服中心呼吁中小投资者做积极股东、参与公司重大决策,也同时呼吁上市公司完善公司治理、提高公司质量,切实维护中小投资者的合法权益。

上市公司退市后的投资者保护

退市，是指上市公司股票在证券交易所终止上市交易，包括强制终止上市和主动终止上市两种方式。2021年年初，新一轮退市制度改革正式落地，常态化退市机制加速形成。作为我国资本市场的主要参与群体，中小投资者在信息、资金、专业等方面处于弱势，在退市过程中自身权益容易受到侵害。作为投资者，有必要了解退市新规下投资者权益保护的相关安排，知权行权，有效维护自身的合法权利。

一、退市过程中投资者的知情权

被实施退市风险警示的公司股票，股票简称前均被冠以"*ST"字样。公司应就此及时发布公告，内容包括：实施退市风险警示的原因；董事会关于争取撤销退市风险警示的意见及具体措施；实施退市风险警示期间公司接受投资者咨询的主要方式。

之后，公司股票被交易所作出终止上市决定进入退市整理期的，公司应披露股票终止上市公告及进入退市整理期交易的相关情况，包括终止上市后公司股票登记、转让和管理事宜，公司股票退市整理期交易期限及预计最后交易日期等。

退市整理期届满当日，公司应披露股票进入全国中小企业股份转让系统等证券交易场所的具体事宜，包括拟进入的市场名称、进入日期、股份重新确认、登记、托管等。

终止上市情形（不包括交易类终止上市情形）消除且符合特定条件的，公司可向证券交易所申请重新上市。退市公司拟申请重新上市的，应当召开股东大会并经出席会议的股东所持表决权的2/3以上通过。需要注意的是，《深圳证券交易所退市公司重新上市实施办法（2020年修订）》删除了创业板不接受公司股票重新上市的规定。投资者应密切关注上市公司信息披露，增强风险意识，谨慎介入*ST股票和高风险股票的交易。

二、退市后投资者的交易权

股票进入退市整理期后代码不变。上海证券交易所在退市整理股票的简称前冠以"退市"标识，深圳证券交易所在股票简称后冠以"退"标识。本次退市新规放开了退市整理期股票首日涨跌幅限制，将退市整理期交易时限从30个交易日缩短为15

个交易日,避免震荡时间过长而出现投机炒作。风险警示股票和退市整理股票整体呈现市值水平偏低、股价波动频繁等特点。为强化风险揭示效果,证券交易所设立包含风险警示股票和退市整理股票在内的风险警示板。同时,为防止部分风险承受能力低的投资者参与退市公司股票交易,优化了风险警示股票的适当性管理和交易机制安排。投资者应了解退市整理期制度和终止上市后的股份转让安排,保障自身的交易权。

三、退市后投资者如何维权

退市并非一退了之,尤其是存在财务造假等重大违法违规行为的,其控股股东、实际控制人、董监高和中介机构,应承担相应的法律责任。随着2019年修订的《证券法》及2020年《刑法修正案(十一)》的发布实施,以及证券纠纷代表人诉讼制度规则的落地,证券投资者保护体系和民事赔偿机制进一步健全。涉及欺诈发行、财务造假等重大违法违规行为的上市公司退市的,投资者可通过先行赔付、责令回购或者通过单独诉讼、共同诉讼、申请适用示范判决机制、普通代表人诉讼及特别代表人诉讼等司法途径维护自身合法权益。投服中心也可适时依法启动证券纠纷特别代表人诉讼,并提供其他相应法律服务。

近年来,退市常态化趋势明显,截至2021年3月31日,A股市场共有132家公司完成退市。以康得新为例,自2019年1月23日公司披露证监会《调查通知书》起至2019年7月8日公司停牌,公司6次提示退市风险,但仍有大量投资者无视"警示"买入、投机氛围浓厚。康得新退市后,这些试图炒作的投资者损失惨重。在此,投服中心呼吁中小投资者抱持理性态度,以"买者自负"作为投资基本理念,充分关注公司发布的"退市风险警示"等公告,不能抱着赌博心态炒作*ST和退市公司。请广大中小投资者增强风险意识和自我保护意识,充分了解退市制度等相关规则,通过合法途径维护自身权益。

四类退市指标的优化

退市制度是资本市场的基础性制度，是全面深化资本市场改革的重要安排，形成“有进有出、优胜劣汰”的市场化、常态化退出机制，对进一步优化资源配置、提高上市公司质量、保护投资者合法权益等具有重要意义。此次退市制度的最大亮点就是优化了全部四类退市指标，有效提升了指标的针对性与实用性。

一、优化交易类指标，发挥市场资源配置功能

一是明确“一元退市”标准，将“连续二十个交易日的每日股票收盘价均低于股票面值”修改为“连续二十个交易日的每日股票收盘价均低于1元”，提升规则适用的公平性和统一性，避免“股票面值”可能存在的理解歧义。

二是明确“市值退市”标准，新增“连续二十个交易日在交易所的股票收盘市值均低于3亿元”的退市指标，充分发挥市场资源配置功能。

根据Wind数据，截至2021年4月13日，沪深证券交易所共有5家公司因“一元退市”标准退市。

二、优化财务类指标，推动僵尸空壳、造假企业出清

一是新增“扣非前后净利润孰低者为负值且营业收入低于1亿元”的组合型退市指标，取消“单一净利润为负值”和“营业收入低于1000万元”的指标，从主营业务盈利能力、营收规模等方面对上市公司持续经营能力进行多维度考察，推动僵尸空壳企业出清。

二是修订财务类退市指标，并明确组合适用，净利润加营业收入的组合指标、净资产和审计意见类型等，因出现上述任一情形被实施退市风险警示的上市公司，如在次年年度报告披露后再次触及上述任一情形的，公司股票终止上市。

三是新增行政处罚决定书认定的财务造假退市风险警示指标。证监会行政处罚决定书表明，公司已披露的最近一个会计年度经审计财务报告存在虚假记载、误导性陈述或者重大遗漏，导致相关财务指标触及退市风险警示情形的，公司股票将于披露处罚决定书后被实施退市风险警示，并根据实际触及退市风险警示指标相应年度的次一年度的年度报告情况，对公司股票交易撤销退市风险警示或者予以“退市”处理。

三、优化规范类指标,增强上市公司法治、诚信意识

一是新增信息披露或者规范运作等方面的退市指标。具体包括:(1)交易所失去公司有效信息来源或者公司失去信息披露联络渠道;(2)公司拒不披露应当披露的重大信息;(3)公司严重扰乱信息披露秩序,并造成恶劣影响;(4)交易所认为公司存在信息披露或者规范运作重大缺陷的其他情形。上市公司如触及上述相关情形被交易所要求限期改正但未在规定期限内改正的,交易所对公司股票予以停牌,在停牌 2 个月内仍未改正的,交易所对其实施退市风险警示;此后 2 个月内仍未改正的,交易所对公司股票予以终止上市。

二是明确董监高人员在定期报告编制及披露工作中的履职义务。考虑到实践中个别公司出现半数以上董事不保证年报真实、准确、完整的情形,为严肃半年度报告或年度报告编制及披露工作,新增半数以上董事无法保证公司所披露半年度报告或年度报告的真实、准确和完整的退市指标。若上市公司出现上述情形且在公司股票停牌 2 个月内仍未改正的,将被实施退市风险警示;此后 2 个月内仍未改正的,交易所对公司股票予以终止上市。

四、完善重大违法强制退市类指标,加大违法违规行为惩戒力度

在保留原有重大违法强制退市指标的基础上,针对造假情形严重、影响恶劣但未触及现有重大违法指标的情况,新增量化可执行的财务造假强制退市指标,进一步提升了重大违法退市标准的完整性。根据中国证监会行政处罚决定认定的事实,具体指标包括:(1)上市公司披露的营业收入连续两年均存在虚假记载,虚假记载的营业收入金额合计达到 5 亿元以上,且超过该两年披露的年度营业收入合计金额的 50%;(2)公司披露的净利润连续两年均存在虚假记载,虚假记载的净利润金额合计达到 5 亿元以上,且超过该两年披露的年度净利润合计金额的 50%;(3)公司披露的利润总额连续两年均存在虚假记载,虚假记载的利润总额金额合计达到 5 亿元以上,且超过该两年披露的年度利润总额合计金额的 50%;(4)公司披露的资产负债表连续两年均存在虚假记载,资产负债表虚假记载金额合计达到 5 亿元以上,且超过该两年披露的年度期末净资产合计金额的 50%。

第三节　财务小知识

重组上市中商誉的特殊处理

冯大伯：小钟老师，我最近在思考一个问题，按照之前你介绍的商誉的定义，商誉源于公司对非同一控制下资产的收购，如果购买方的合并成本大于取得的标的资产可辨认净资产公允价值份额就会产生商誉，那么在重组上市的情况下，公司岂不是在完成重组上市时就会产生很多商誉，存在巨额商誉减值的风险？

小钟老师：冯大伯，您这个问题问得很好，但解释起来可能比较复杂，我用一个例子来说明。假设A公司是一个规模不大的上市公司，B公司是一个规模较大的非上市公司，A公司和B公司的实际控制人不相同，B公司希望通过与A公司重组达到上市目的，交易是通过A公司向B公司原股东发行普通股来换取B公司原股东持有的B公司股权来实现的。假设这次交易之后，B公司的原股东持有A公司50%以上股权，可以控制A公司，而A公司持有B公司100%的股权。在这个交易中，由于A公司和B公司的实际控制人不相同，所以交易是非同一控制下的企业合并。在非同一控制下的企业合并中，如果以发行股份的方式来购买资产，通常情况下发行股份的一方也就是A公司会是购买方，但在这个例子中，A公司在发行股份购买B公司之后，B公司的原股东持有了A公司50%以上股权，A公司自身的生产经营决策会被B公司原股东控制。这时，虽然A公司是法律上的母公司，B公司是法律上的子公司，但从会计角度来看，A公司却是被购买方，B公司则是购买方。这种情况在会计上被称为反向购买。反向购买的合并财务报表是以法律上的子公司，也就是会计上的购买方B公司为主体来编制的。

冯大伯：我明白了，那重组上市作为一种反向购买会产生商誉吗？

小钟老师:这个还是要分情况,还是拿刚刚A公司和B公司的例子来说,如果交易发生时,上市公司A公司没有持有任何资产、负债或仅持有现金、金融资产等不构成业务的资产或负债,那么交易完成后A公司在编制合并财务报表的时候,就不能确认商誉,后续当然也就不会有商誉减值。这种情况在重组上市中是比较普遍的。

冯大伯:那有没有例外的情况呢?

小钟老师:有的。另一种情况就是,如果交易发生时,A公司把自己的业务保留了下来,那么就需要计算商誉金额,但这时要把A公司作为被购买方,B公司作为购买方来计算。具体的商誉数值在重组上市完成时会有专业的中介机构来计算,您只需要理解含义就可以了。简单总结,重组上市是不是会产生商誉,要看上市公司留下的资产和负债是否构成业务,若不构成业务就不会产生商誉,但在构成业务的情况下,在计算商誉时要把法律中的子公司作为会计上的购买方,法律中的母公司作为会计上的被购买方来进行。

冯大伯:我知道了,那构成业务又是指什么呢?

小钟老师:业务,是指企业内部某些生产经营活动或资产负债的组合,这个组合需要具有投入、加工处理过程和产出能力,能够独立计算成本费用或所产生的收入等。重组上市时上市公司保留的资产和负债是否构成业务,要结合实际情况来进行判断。

冯大伯:原来是这样,我总算明白了!重组上市时一般不会产生不合理的巨额商誉,也不会导致上市公司后续存在巨额商誉减值的风险。

“五力模型”知多少

冯大伯:小钟老师,我最近在复习之前几期关于年报解读的内容,还专门下载了年报来看。可是看着看着,又有了新的疑问,好多公司的年报都提到“竞争环境”这个词,有的更是把业绩不好都归因于竞争环境。对投资者来说,这个竞争环境究竟该怎么分析?我们投资者又怎么知道,这个竞争环境是不是真的不好了呢?

小钟老师:冯大伯,您这个问题问得很好。“竞争环境”这个词,字面上看似简单,但背后的分析实际上也是一门学问。不过,我可以给您提供一个框架,在您看年报的时候,给您分析具体公司的竞争环境提供一个视角。

冯大伯:好啊,是什么框架呀?

小钟老师:这个框架的名字叫作“五力模型”,是20世纪80年代由迈克尔·波特发明的,由现有行业内公司竞争、新进入者的威胁、替代品的威胁、下游购买者以及上游提供商五个维度构成,可以有效分析公司所处的竞争环境。

冯大伯:听起来有点复杂,小钟老师可以给我们投资者讲讲这五个维度具体是怎么回事吗?

小钟老师:没问题。现有行业内公司竞争指的就是公司所处行业的一个竞争环境,如果一个行业高速增长,这个时候没有被开发的市场还有很多,那么就不需要从别的公司夺取市场份额来实现自己的增长,这个时候,竞争环境还是很温和的;反之,如果这个行业整体增速下滑了,相关公司就只能在有限的市场中相互竞争,竞争环境也就变恶劣了。

冯大伯:我明白了。这就相当于,如果一个池子里只有几条鱼,它们不缺吃的,但如果鱼多了,大家就只能互相抢食了。

小钟老师:就是这个意思。新进入者的威胁一般出现在有超额利润的行业,这也意味着行业的重新定价。

冯大伯:也就是说,鱼儿少的水池里再放进去一条,会直接影响其他鱼能吃到多少。那个替代品的威胁,是不是就代表两条差不多的鱼,如果一条更得主人喜欢,另外一条可能会被替代掉?

小钟老师:这个比喻很生动简明。具体来说,替代品的威胁是指,如果某种产品的替代品能在品质相近但价格更优的基础上执行类似的功能,那么该产品的地位也就不那么稳固了。剩下的两个概念,下游购买者和上游提供商都需要结合产业链来分析。在产业链中,公司处于一个怎样的地位,对竞争环境也是很重要的因素。一个对上下游都十分强势的公司,竞争环境总好过弱势公司的。

冯大伯:我明白了,其实就是讨价还价的能力。一个公司实力雄厚,就可以跟客户和供应商讨价还价,如果业务都是依附别人的,当然就没有话语权啦。

小钟老师:简单来说是这样的,不过"五力模型"涉及的方面还是比较多的,需要我们在实践中多多积累学习。

冯大伯:我明白了。谢谢小钟老师!

资产减值损失知多少

冯大伯：小钟老师，前段日子听您讲商誉减值以后，我回去研究了一下，发现好像除了商誉会发生减值，企业好多其他类型的资产也会发生减值。您可以向我具体讲一讲吗？

小钟老师：是的。您见过哪些资产减值损失的项目呢？

冯大伯：我记得有什么坏账损失、存货跌价损失、无形资产减值损失……

小钟老师：对，这些都可以理解为资产减值。其实像应收款项、存货、无形资产，还有您之前了解到的商誉，都是企业所拥有的资产。企业资产和我们口语中常提到的资产不太一样，它有严格的定义，一般是指企业过去的交易或者事项形成的、由企业拥有或者控制的、预期会给企业带来经济利益的资源。什么是预期会给企业带来经济利益呢？举个例子，对于应收账款，未来企业很可能会收到货款；对于存货，未来企业把存货卖出就可以实现收入。

冯大伯：一项资产发生减值，是不是就说明未来它不能带来原先预期的收益了？

小钟老师：可以这么理解。准确地说，资产减值，是指一项资产的可回收金额低于了它的账面价值。所以，如果一项资产未来给企业带来的收益比目前其在企业账面上的价值更低，为了更真实、准确地反映这项资产的价值，我们就会对它计提减值。

冯大伯：我好像有点明白了，可不可以举个例子呢？

小钟老师：那就用我们经常看到的应收账款坏账准备给您举例吧！企业在销售商品时常常会采用赊销的形式，也就是企业先发货、客户后付款，账面上就会形成应收账款。期末企业会估计账上应收账款的可回收性，来相应地计提坏账准备。一般来说，存在时间比较久的应收账款，它的可回收性会差一点，那么计提坏账准备的比例就会高一点；或者由于客户破产等一些原因，其中几笔应收账款收回的可能性比较小，这个时候也会单独对它们计提坏账准备。

冯大伯：我还是有点不明白，计提坏账准备对企业的财务数据有什么影响呢？企业还有可能收回这笔钱吗？

小钟老师：计提应收账款坏账准备对利润表和资产负债表都会有影响。利润表方面，这是企业当期的一笔损失，因此会减少利润；资产负债表方面，这会导致应收账款账面价值的降低，从而减少企业资产的价值。如果仅在会计上计提坏账准备，一般是表示企业觉得计提坏账准备的部分收回的可能性较小,但不代表企业就没有权利再追讨这笔资金,所以还是有可能收回的。

冯大伯:那其他一些资产减值损失的项目呢?

小钟老师:其他一些资产减值损失的项目可能在会计的估计和账务处理上与应收账款坏账准备有所差别,但大部分情况下您可以类比我刚刚和您讲的思路去理解。比如,您之前提到的存货跌价准备。企业的存货最初在账上是以成本计量的,但是它们可能因为损毁、陈旧过时等原因,在市场上的价格持续下跌,甚至比它的成本还低。那这时候再用成本计量就不合适了,因此,企业就会计提存货跌价准备,以准确反映这类存货目前的价值。像无形资产一旦发生减值,也往往代表着它未来能给企业带来的收益减少了。资产减值一般都会减少企业当期的利润,同时也会降低相应资产的账面价值。

冯大伯:如果我在看企业财务数据的时候,发现它资产减值的金额比较大,在哪里可以看到更详细的信息呢?

小钟老师:如果您发现企业当期资产减值金额比较大,可以去看看企业年报中财务报表的附注,一般附注里都会列出企业当期的资产减值损失涵盖了哪些科目,各科目相应的附注也会对减值的情况做更详细的说明。另外,在新企业会计准则下,对企业应收款项等项目发生信用减值核算时由原来的"资产减值损失"账户改为"信用减值损失"账户了,您看的时候可以留意一下。

收益法估值知多少

王大叔:小钟老师,我平时看公司重组公告的时候,经常会遇到标的公司用收益法评估的情况,但我没有相关的背景知识,读起来很费劲。您能从头给我介绍一下收益法吗?

小钟老师:没问题。资产估值的基本方法有三种,分别是收益法、市场法和资产基础法。其中收益法是评估中最常用的方法。收益法主要通过估测被评估资产未来预期收益的现值来评估资产的价值。您可以这样理解:资产的卖家希望自己的资产卖得越贵越好,而买家只愿意付一定的金额来购买这个资产。为了不亏,买家付出的钱最多不会超过这个资产未来能带来的回报。因此,买卖双方都能接受的一个交易价格就是把资产未来各期产生的预期收益全部折现到评估日的金额,这个金额也就是我们通过收益法评估出来的资产的价值。

王大叔:这么一讲我就明白了。那折现是什么意思呢?为什么不直接把资产未来收益直接相加,还需要折现呢?

小钟老师:折现就是把未来的钱换算成现在的钱的过程,折现是因为货币有时间价值。我举个例子,假如您现在手里有 100 元,而现在市场上只有银行存款一种投资方式,存款利率为 10%。如果您将这 100 元存入银行,那么一年后连本带利可以收到 110 元。从这个角度来说,一年后的 110 元可以等于现在的 100 元,我们将一年后的 110 元换算成现在的 100 元的这个过程就是折现的过程。书本上所说的“货币有时间价值”,其实说的就是现在的 100 元比一年后的 100 元更加值钱这个道理。

王大叔:原来是这样,今天的钱比明天的钱值钱,难怪未来收益不能直接相加。小钟老师,您接着说。

小钟老师:顺着刚才的思路,资产未来各期产生的预期收益全部折现到评估日就能得到资产收益法下的估值。在这当中涉及 3 个基本要素,分别是被评估资产的预期收益、折现率与收益期限。预期收益简单来说就是资产未来能产生的回报,一般来说可以选择净利润、净现金流量和利润总额来衡量。折现率是指把未来的钱转换成现在的钱的转换率。收益期限就是资产未来产生收益的时间,通常以年为时间单位。在进行收益法估值的时候,这 3 个基本要素都需要能被合理地预测和衡量。

王大叔:预期收益和收益期限都好理解,一个资产未来产生的收益越大、未来产生收益的时间越长,那么这个资产就越值钱。那折现率是如何影响收益法评估结果的呢?

小钟老师:折现率是把未来的钱转换成现在的钱的转换率,也是投资者在投资风险一定的情形下对投资所期望的回报率。对投资者来说,投资风险大,要求的回报率就高,折现率就大;投资风险小,则要求的回报率也可以相应降低,折现率就小。在预期未来产生收益和收益期限都不变的情况下,折现率小意味着取得同等收益的风险越小,因此资产越值钱,估值越大。

第四节　行权热点话题

“短线交易”知多少

小费阿姨:小钟老师,我最近听财经类的新闻广播,听到一则新闻说某上市公司董事长涉嫌“短线交易”,您能为我讲讲吗?

小钟老师:没问题! 这里的短线交易是指有关责任主体,在法定期间内,对公司上市股票买入后再行卖出或卖出后再行买入,以谋取不正当利益的行为。

小费阿姨:短线交易的“短”,指的是时间上的“短”,是这个意思吗?

小钟老师:您理解得很到位! 根据我国法律规定,这个法定期间为6个月。

小费阿姨:《证券法》有关于短线交易的相关规定吗?

小钟老师:2019年修订的《证券法》有短线交易的相关规定,并在原《证券法》基础上作出了修订。我得慢慢跟您讲解清楚。

小费阿姨:好的,等我拿本子记一记!

小钟老师:原《证券法》中,短线交易的适用主体限于上市公司的董监高、持股5%以上的股东。2019年修订的《证券法》将短线交易的监管主体作了扩大:一是将新三板挂牌公司相关主体纳入监管范围;二是将监管对象扩大到董监高、持股5%以上股东的近亲属。

小费阿姨:这么说,他们的近亲属也算是短线交易的适用对象吗?

小钟老师:对! 因此,上市公司董监高、持股5%以上的股东应该向其配偶、父母及子女做好新规普及,避免违规。

小费阿姨:还有别的修订吗?

小钟老师:当然,利用他人账户进行交易也纳入短线交易监管。实践中,在2019

年修订的《证券法》未出台前,这种利用、控制他人证券账号进行短线交易的行为也会受到证券监管部门监管。

小费阿姨:也就是说,2019 年修订的《证券法》用法律的形式明确了这种行为属于短线交易,是这个意思吗?

小钟老师:是的。最后,原《证券法》对短线交易的规定只限于"股票"交易,2019 年修订的《证券法》将其扩大至"股票或者其他具有股权性质的证券",即如果相关主体买卖具有股权性质的证券,也应当受短线交易规制。

小费阿姨:谢谢老师,回家后要好好消化这些知识。

小钟老师:不用客气!在此也提醒广大中小投资者,要树立长期投资、价值投资、理性投资的理念。关注我们的微信公众号和"中国投资者网"(https://www.investor.org.cn/),可以了解更多新闻和权益知识。

孟博士解读

《证券法》第 44 条规定,上市公司、股票在国务院批准的其他全国性证券交易场所交易的公司持有 5% 以上股份的股东、董事、监事、高级管理人员,将其持有的该公司的股票或者其他具有股权性质的证券在买入后 6 个月内卖出,或者在卖出后 6 个月内又买入,由此所得收益归该公司所有,公司董事会应当收回其所得收益。但是,证券公司因购入包销售后剩余股票而持有 5% 以上股份,以及有国务院证券监督管理机构规定的其他情形的除外。

前款所称董事、监事、高级管理人员、自然人股东持有的股票或者其他具有股权性质的证券,包括其配偶、父母、子女持有的及利用他人账户持有的股票或者其他具有股权性质的证券。

公司董事会不按照第 1 款规定执行的,股东有权要求董事会在 30 日内执行。公司董事会未在上述期限内执行的,股东有权为了公司的利益以自己的名义直接向人民法院提起诉讼。

公司董事会不按照第 1 款的规定执行的,负有责任的董事依法承担连带责任。

重大资产重组交易方案重大调整知多少

小费阿姨：小钟老师，上市公司股东大会审议通过重大资产重组方案后，若后续再进行重组方案调整，中小股东如何参与行权？

小钟老师：根据《上市公司重大资产重组管理办法（2020 年修订）》第 28 条的规定，股东大会作出重大资产重组决议后，上市公司拟对交易对象、交易标的、交易价格等作出变更，构成对原交易方案重大调整的，应当在董事会表决通过后重新提交股东大会审议，并及时公告相关文件。也就是说，如果交易方案的调整属于重大调整，则需由上市公司董事会表决通过后再次提交股东大会审议，投资者就可以通过参加股东大会投票的方式对新方案表决。但是，如果仅是对原交易方案的小修小补，不属于重大调整，上市公司无须再次召开股东大会审议新方案。

小费阿姨：重组方案的调整是否构成重大调整还挺关键的，决定了公司后续是否会再次召开股东大会审议新方案，那什么情况下可能会被认定为对重组方案的重大调整呢？

小钟老师：2020 年 7 月 31 日，中国证监会发布了《〈上市公司重大资产重组管理办法〉第 28 条、第 45 条的适用意见——证券期货法律适用意见第 15 号》，对《上市公司重大资产重组管理办法》第 28 条提出的重组方案“重大调整”进行了解释。具体要点如下：（1）拟对交易对象进行变更的，原则上视为构成对重组方案重大调整，但是有以下两种情况的，可以视为不构成对重组方案重大调整：（i）拟减少交易对象的，如交易各方同意将该交易对象及其持有的标的资产份额剔除出重组方案，且剔除相关标的资产后按照下述有关交易标的变更的规定不构成对重组方案重大调整的；（ii）拟调整交易对象所持标的资产份额的，如交易各方同意交易对象之间转让标的资产份额，且转让份额不超过交易作价 20% 的。（2）拟对标的资产进行变更的，原则上视为构成对重组方案重大调整，但是同时满足以下条件的，可以视为不构成对重组方案重大调整：（i）拟增加或减少的交易标的的交易作价、资产总额、资产净额及营业收入占原标的资产相应指标总量的比例均不超过 20%；（ii）变更标的资产对交易标的的生产经营不构成实质性影响，包括不影响标的资产及业务完整性等。（3）新增或调增配套募集资金，应当视为构成对重组方案重大调整。调减或取消配套募集资金不构成重组方案的重大调整。

小费阿姨:内容还是有些复杂,对投资者来说,如何看待重组方案的重大调整呢?

小钟老师:其实,上述认定标准主要是为了进一步明确重大调整的认定,稍作了解即可。投资者更需要关注的是交易方案调整本身。不论交易方案的调整是否构成重大调整,重大资产重组事项均会影响上市公司的业务经营情况,进而改变投资者的回报预期,投资者都需要对方案中的交易对象、交易标的和交易价格进行认真研究并进行投资决策。对方案调整存在疑问的也可以积极与公司沟通交流,如属于交易方案重大调整,可及时关注公司披露的股东大会召开提示公告按期参会行权。

资金占用手法知多少

控股股东、实控人及关联方占用上市公司资金(以下简称资金占用)屡禁不止,已成为上市公司治理的顽疾,对上市公司及广大投资者合法权益造成极大损害,投资者维权之路任重道远。为强化对上市公司资金占用的会计监管,规范上市公司相关内部控制,督促会计师事务所勤勉尽责执业,防范化解金融风险,提升资本市场会计信息披露质量,保护投资者合法权益,证监会于2019年12月23日发布了《会计监管风险提示第9号——上市公司控股股东资金占用及其审计》(以下简称《第9号文》)。

《第9号文》总结了资金占用的主要形式及其形成背景,并对审计常见问题及会计监管关注事项作出了相关规定。虽然《第9号文》中大量的篇幅围绕会计监管以及审计展开,但对股东来说,学习《第9号文》有助于了解资金占用的手法。

《第9号文》将资金占用手法主要分为了余额模式与发生额模式。其中,发生额模式是指控股股东及其关联方利用上市公司直接或间接(如通过关联方、第三方、员工设立的公司等)的资金拆借、无商业实质的购销业务或票据交换、对外投资、支付工程款等形式占用其资金。资金占用具体体现在上市公司财务报表的往来款项、应收应付票据、长期股权投资、在建工程、长短期借款等项目中,货币资金项目通常不存在直接虚假。接下来,我们将以具体的案例对发生额模式下的部分资金占用手法进行说明,希望对广大中小投资者有所帮助。

资金占用手法一:

利用无商业实质的购销业务,直接或间接向控股股东支付采购资金或者开具汇票供其贴现、背书等

案例1:2018年至2019年5月,经A公司原控股股东刘某安排,A公司在无实质业务支撑的情况下向3家供应商支付多笔预付款项,共计2.25亿元。此后,3家供应商将部分预付款项划转至刘某控制的账户中,最终导致1.39亿元被刘某占用,剩余8647.9万元被3家供应商占用,转为财务资助。

案例2:2016年至2019年,B公司全资子公司按照采购合同向13家供应商预付采购款共计10.46亿元。此后,上述13家供应商违反采购合同未向公司发货,且未经公司授权或同意,将10.46亿元采购款直接划转至B公司控股股东的银行账户。最终,10.46亿元预付采购款全部被控股股东占用。

案例 3:2017 年至 2018 年,C 公司与 3 家供应商签署虚假合同并支付了 9681 万元预付款项。此后,上述预付款项被划转至 C 公司实控人指定账户,最终构成资金占用。

资金占用手法二:

控股股东以上市公司的名义对外借款

案例 1:2017 年 5 月至 2018 年 3 月,在未经 D 公司内部审批流程及决策程序的情况下,D 公司控股股东、实控人以 D 公司的名义与债权人签订了 10 笔借款合同,金额合计 4.1 亿元。上述资金均未划入 D 公司账户,而是直接转向了实控人控制的企业,构成资金占用。

案例 2:由于 E 公司控股股东资金周转困难,无力偿还民间贷款,2018 年 4 月至 6 月,E 公司实控人、董事长未经内部流程私用公司公章,以 E 公司名义对外签订借款协议。此后,E 公司将对外借款直接打入控股股东指定账户,构成资金占用 1.92 亿元。

天马股份资金占用案例解析

控股股东、实际控制人及关联方占用上市公司资金屡禁不止,已成为上市公司治理的顽疾,对上市公司及广大投资者合法权益造成极大损害,投资者的维权之路任重道远。投服中心选取了天马股份资金占用案例,解析其实际控制人侵占上市公司资金的路径,希望对广大中小投资者维护自身权益有所帮助。

一、天马股份资金占用案例

2016 年 11 月底,喀什星河支付 29.37 亿元现金受让了天马股份(002122)29.97%股权,成为天马股份的控股股东,徐某栋成为天马股份实际控制人。自此,2017 年 5 月至 2018 年 3 月,喀什星河、徐某栋及其关联方通过违规借款、无商业实质的交易、违规担保等方式,非经营性占用上市公司资金约 30 亿元,约占天马股份 2018 年末净资产的 85%,导致上市公司成为“空壳”。

(一)资金占用主要手段

1. 以上市公司名义违规借款

在未经天马股份内部审批流程及决策程序的情况下,控股股东、实际控制人以公司的名义与债权人签订了借款合同,共计 10 笔 4.1 亿元。上述资金均未划入上市公司账户,而是直接转向了徐某栋控制的企业。例如,2017 年 10 月,天马股份与德清中小企业服务中心签订了 1 亿元借款合同。

2. 无商业实质的交易

通过预付采购款、支付投资款等形式,天马股份向徐某栋控制的企业转款 20 多亿元,这些交易均无商业实质,或未经决策审批流程、或在未提供完整真实信息情况下签署。例如,2017 年 12 月,按照徐某栋的指示,天马股份、徐某栋实控公司及关联公司的多个财务负责人,经过东方博裕(资金拆借平台,无实际业务)等多家公司多道划转,将天马股份 5.66 亿元转入星河互联等徐某栋实控企业账户,用于归还徐某栋及其实控企业的借款。2018 年 1 月,天马股份又将 1 亿元划转给东方博裕,用于归还徐某栋实控企业的借款及其个人的相关费用。2018 年 2 月至 3 月,为应付审计,天马股份与东方博裕签订了钢材采购合同,并伪造了东方博裕对外采购钢材合同。

3. 为徐某栋的实控企业违规担保

未经天马股份的审议程序,控股股东、实际控制人及其关联方为自身债务以天马股份名义违规提供担保,共计5笔3.6亿元。在债务人不归还借款时,天马股份作为担保人可能承担赔偿义务,造成控股股东、实际控制人及关联方对上市公司的资金占用。

(二)资金占用掏空天马股份

控制天马股份后,徐某栋将上市公司变成了自己的提款机,内部控制在其面前形同虚设。不足一年时间,巨额资金占用导致天马股份债务缠身、诉讼连连,严重干扰了正常生产经营。天马股份2018年、2019年归属于上市公司股东的净利润分别为-6.35亿元、-16.54亿元,被实施退市风险警示,若2020年度经审计的净利润继续为负,则公司股票将面临暂停上市交易的风险。因股票质押式回购交易业务违约事项,控股股东喀什星河所持天马股份股票被司法拍卖,2020年1月徐州乾顺承科技发展有限公司取得拍卖股权,成为上市公司新的控股股东,目前仍在收拾徐某栋留下的"残局"。

二、中小投资者应积极维护股东权益

非经营性资金占用是指上市公司为控股股东、实际控制人及其关联方支付下列资金:(1)垫付工资、福利、保险、广告费用和其他支出;(2)代偿债务;(3)有偿或无偿、直接或间接拆借资金;(4)承担担保责任而形成的债权;(5)在没有商品和劳务提供情况下提供资金。现有法律法规严禁非经营性占用上市公司资金。

非经营性资金占用屡禁不止的根本原因是占用上市公司资金几乎零成本,且缺乏有效的法律惩处手段。控股股东、实际控制人占用上市公司资金后,视自身情况决定是否归还,若其资金充裕,其则归还;若其资金紧张,其则不还。而对这种无赖行为,证监会一般仅能给予行政处罚,鲜有直接因该罪名由公安部门对其立案调查。在这种巨大的利益诱惑面前,有的控股股东、实际控制人无视上市公司的内部控制,肆意占用上市公司资金,对资本市场缺乏最基本的敬畏之心。

投资者应对上市公司控股股东、实际控制人及关联方的资金占用情况予以特别关注,并积极主动行使股东权力以维护自身权益。一是关注资金占用发生的时间、金额、用途,是否严格履行了关联交易审批程序和信息披露义务,如涉及未经公司正常审批流程的情况,投资者应建议上市公司追究相关人员的责任、完善内部控制;二是关注资金占用的还款时间、还款方式，是否对上市公司的经营业绩造成不利影响，如上市公司未公告还款安排，投资者应督促上市公司采取有效措施回收占用款并及时披露相关信息，建议控股股东、实际控制人对占用资金的偿还作出承诺并切实履行；三是资金占用给上市公司造成损失或可能造成损失的，投资者应建议上市公司董事会采取诉讼、财产保全等保护性措施避免或者减少损失；四是投资者应主动向公安部门举报控股股东、实际控制人非法占用上市公司资金的线索，以追究其刑事责任。

第三章

维权小贴士

Interests and Rights of Investors

第一节　投服中心纠纷调解案例

借用账户触红线　账户实名要遵守

实际生活中借用他人账户，或将账户出借给他人炒股的现象屡有发生。2019 年修订的《证券法》进一步强化了证券账户实名制的要求，明确任何单位和个人不得违反规定出借自己的证券账户或者借用他人的证券账户从事证券交易。违反该规定的，还可能面临最高 50 万元的罚款处罚。法律的这一变化亟须引起投资者的重视。结合以前的一个案例，带大家一起了解证券账户实名制的要求。

一、案例介绍

投资者张先生的妻子在某证券公司营业部开立融资融券账户并签订了《融资融券业务合同》，但该账户实际由张先生本人操作和管理。后由于行情下跌，其账户维持担保比例低于警示线，营业部通知张先生妻子及时增加保证金。但在约定的时间内，张先生妻子的账户未完成相应操作，营业部根据合同约定对其进行强制平仓。

张先生认为妻子不懂股票操作，并未重视该通知，营业部应该联系张先生本人采取相关措施，并要求营业部赔偿其被强制平仓的损失。营业部称已经通过合同预留的手机号联系并告知张先生的妻子相关情况，尽到了提醒通知义务，拒绝了张先生的赔偿请求。

调解过程中，调解员查阅了当事人签署的《融资融券业务合同》，确认了合同主体是张先生的妻子。调解员表示，营业部按照合同约定将相关情况通知了张先生妻子，履行了告知义务。根据合同的相对性，张先生不属于合同当事人，营业部没有义务将相关情况通知到张先生本人。经过调解员的耐心解释，张先生也认识到自己的责任，自愿放弃了赔偿请求,双方握手言和,纠纷得到妥善化解。

二、新法解读

以上纠纷出现在 2019 年修订的《证券法》实施前,当时争议还集中在机构是否尽到了告知义务。而如果同样的纠纷发生在 2019 年修订的《证券法》实施后,张先生不仅没有权利计较机构是否尽到了通知义务,其借用妻子账户炒股及妻子出借账户给张先生的行为就已经双双触犯了法律红线。

2019 年修订的《证券法》第 58 条规定:“任何单位和个人不得违反规定,出借自己的证券账户或者借用他人的证券账户从事证券交易。”并进一步在该法第 195 条规定:“违反本法第五十八条的规定,出借自己的证券账户或者借用他人的证券账户从事证券交易的,责令改正,给予警告,可以处五十万元以下的罚款。”

将其与原《证券法》第 80 条、第 208 条第 1 款对比后发现,2019 年修订的《证券法》在旧条文的基础上做了如下修改:一是扩大了禁止行为的主体,将原条文约束的行为主体“法人”扩大为“任何单位和个人”。二是完善了此类违法行为模式,从“出借”修改为“出借或借用”。如在本纠纷中,张先生妻子出借证券账户的行为属于违法行为,张先生借用妻子的账户炒股,同样也属于违法行为。三是改变行政处罚方式及提高了金钱罚额力度,即从“区分情形 + 最高罚额三十万元”的处罚模式修改为“‘一刀切’不容忍 + 最高罚额五十万元”的模式,即张先生的行为最高可被监管部门处以 50 万元的罚款。

三、纠纷点评

事实上,从规定层面来说,禁止个人出借、借用证券账户并不是一个全新的内容。早在 2006 年 7 月 1 日开始实施的,由证监会发布的《证券登记结算管理办法》(以下简称《登记结算办法》)第 22 条规定“投资者不得将本人的证券账户提供给他人使用”,且在 2009 年、2017 年、2018 年三次修订中该条款从未修改或删除。除此之外,2015 年中国证监会发布的《关于清理整顿违法从事证券业务活动的意见》,其中亦强调了“证券投资者应当按照法律法规和中国证监会的有关规定,严格遵守证券账户实名制要求开立证券账户。任何机构和个人不得出借自己的证券账户,不得借用他人证券账户买卖证券”。2018 年 6 月 15 日,中国证券登记结算有限责任公司发布《关于对证券违法案件中违反账户实名制行为加强自律管理的通知》,更是首次提出对于账户出借人采取限制新开户的自律管理措施。

2019 年修订的《证券法》将此类可能扰乱证券市场秩序、危及证券市场平稳运行的行为首次提高到法律层面上加以禁止，是对证券账户实名制要求的进一步强化。

在任何违法交易都会留痕的大数据时代，强化证券账户实名制，能有效预防单位或个人恶意规避实名制的要求，从事内幕交易、操纵市场或“老鼠仓”交易等不合法不道德的证券交易活动，有利于提高证券交易的规范度、诚信度和透明度，对证券市场健康稳定发展有重要意义。

证券转销户纠纷原因分析及处理建议

一、证券转销户纠纷发生的现实原因

现实中,投资者与证券公司的纠纷种类繁多,转销户作为其中发生频率最高,但又不直接涉及金额的纠纷,产生原因大致可归纳为以下几种情形。

第一,当投资者向证券公司提出转销户申请时,可能会被告知与证券营业部之间存在开户后签订协议借用电子设备、承诺交易量、免费开户承诺账户锁定期等需要处理完成才能办理转销户业务的情形。

第二,证券公司为了挽留客户,有些工作人员也会人为限制客户转销户,他们通常会以业务办理需提前预约、相关负责人外出、调阅客户资料等为理由,拖延为投资者办理转销户手续。

第三,投资者对转销户流程不熟悉也是造成该类纠纷频发的原因之一。证券市场施行的是证券托管和资金第三方存管模式,因此证券转销户流程较为复杂。一般来说,转销户流程至少包括转托管(或者撤销指定交易)、利息结转、交易结算资金银证转账、第三方存管银行账户销户和资金账户销户等流程,如果涉及账户规范、交易、新股申购、代销基金份额转托管、融资融券信用账户销户,流程将更为复杂。

除此之外,虽然证券监管部门一直在严厉打击证券行业的同业恶性竞争问题,但为了个人利益,个别证券公司营销人员可能仍会违规以赠品、佣金优惠等方式引诱客户转销户,并怂恿客户投诉甚至是代客户投诉同行业证券经营机构,这类不当行为也增加了转销户纠纷的数量。

二、处理证券转销户纠纷的政策依据

证监会对证券公司很多业务办理时限都有明确要求,其中,《关于加强证券经纪业务管理的规定》要求证券公司为投资者办理注销证券账户业务不得超过 2 个交易日。

2018 年 9 月,中国结算发布《关于进一步规范证券账户销户业务的通知》规定,对于非现场开户的投资者,券商至少提供与开户方式一致的非现场销户服务,包括见证销户和网上销户,自 2019 年 3 月 1 日起实施,中国结算要求各券商做好相关业务和技术准备工作。

在相关新规发布之后，虽然转销户纠纷仍未绝迹，但已经大幅下降。

三、处理证券转销户纠纷的意见建议

转销户是投资者的天然权利。但在现实生活中，部分投资者出于怕麻烦的心态，或由于各类信息不对称，在遇到限制转销户的情况时选择隐忍，未采取措施维护自身权利。这给证券经营机构将限制转销户作为挽留客户的主要手段之一留下了操作空间。

相较行政投诉手段，通过第三方调解机构处理此类纠纷具有方式灵活、程序便捷、节省时间等诸多好处，有助于广大投资者更好地维护自身合法权益。因此，加强投资者教育，充分宣传和引导投资者利用纠纷多元化解机制，是解决此类纠纷最有效的途径。

同时，证券经营机构要严格遵守相关制度规则，不仅要避免设置人为障碍，而且要采用科技手段不断优化投资者转销户流程，缩短办理时间。降低投资者转销户成本，不仅可以明显减少转销户纠纷数量，保障投资者合法权益，而且也是提高投资者服务质量的重要内容。

违约操作致腰斩　基金合规应重视

一、案情回顾

2019 年 8 月,投资者王先生经朋友介绍,投资 300 万元购买了某私募基金管理人发行的私募基金。2019 年 10 月下旬,该基金投资的股票连续跌停,基金净值几近“腰斩”,跌穿预警线和清算线,投资者王先生损失惨重。此后,投资者以某私募基金管理人违约为由向中证资本市场法律服务中心申请调解,要求某私募基金管理人全额返还投资款及高额利息。

二、案情分析及调解

投资者王先生认为某私募基金管理人签署基金合同时仅提示投资者签字,未充分揭示基金风险,未按约向投资者披露基金运作情况及净值等重要信息,未按约定的投资策略进行量化投资,严重损害了投资者利益。基于投资者提供的证据和诉求,调解员走访管理人,现场调查后分析认为:首先,根据《全国法院民商事审判工作会议纪要》第 76 条,管理人不能简单地以金融消费者手写诸如“本人明确知悉可能存在的本金损失风险”等内容主张其已履行了告知说明义务,管理人未以明显方式向投资者充分揭示风险,其适当性管理存在瑕疵。

其次,管理人存在未严格按照合同约定方式向投资者披露基金净值信息,从业人员私自向投资者提供虚高的净值,极端行情无法平仓等重大事项发生期间未及时联系并如实告知投资者等行为,违反了《私募投资基金监督管理暂行办法》第 24 条之规定。

最后,管理人未按约定的投资策略操作,且投资某股票的行为涉嫌操纵市场,监管部门已针对管理人采取监管措施。管理人的上述行为与投资者损失之间有直接因果关系,应承担赔偿责任。调解员充分说理,晓以利害,最终管理人表明愿意赔偿投资者本金的损失,但对投资者高额利息的要求无法接受。调解员情理法并用,多番与投资者沟通,向其指出相关司法实践中法院一般仅支持同期存款利息,建议投资者退让一步,同时指出投资者若一直纠结于高额利息,导致调解失败,将得不偿失。投资者经慎重考虑,最终接受了调解员的建议,双方达成和解。

三、案例启示

对投资者来说，首先，应明确自身是否为合格投资者，不被非法机构诱惑，守住合法投资的底线，避免因自身原因导致权益受损。其次，投资者需提高专业知识水平及风险防范意识，投资过程中主动行使知情权，通过中国证券投资基金业协会私募基金信息披露备份系统（https://pfid.amac.org.cn/）查询私募基金管理人及基金运作相关信息，发生纠纷后合法、理性维权。

对私募基金管理人来说，应重视投资者适当性管理，强化信息披露意识，充分履行信息披露义务，确保基金合法、规范运营，依法保障投资者的合法权益。

遭遇故障莫着急　主张权利要合理

一、案件概述

吕先生2015年在某证券公司营业部开户,从事股票交易。2020年4月,因持有的股票开盘即高位,吕先生决定卖出套利,但发现无法登录交易软件,不能卖出股票。吕先生遂致电证券公司,证券公司的客服告知吕先生可以通过电话委托交易。当天吕先生并未通过电话委托进行交易,而交易软件的故障排除后吕先生没有收到任何通知,股票最终也没能卖出。

吕先生要求证券公司赔偿,证券公司则认为已经尽到自己的相关义务。双方协商未果后,吕先生于2020年5月向中证资本市场法律服务中心申请调解。

二、争议焦点

本案的争议焦点在于,吕先生未卖出股票导致损失的原因是交易软件故障,还是吕先生对交易未能尽到应尽的注意义务。吕先生认为,自己一直使用交易软件进行股票买卖,并不熟悉其他的交易方式,由于证券公司软件故障,自己无法在适当的时间点将股票卖出,责任当然应由证券公司承担。证券公司则认为交易软件交易只是股票买卖的一种方式,作为一名有多年股票交易经验的投资者,吕先生应该清楚还有其他的交易方式,并且当天营业部员工也及时告知其可以通过电话委托交易,故吕先生未能卖出股票,责任不应由证券公司承担。

三、调解过程

调解开始后,调解员首先核实了双方争议焦点的事实,调取了投资者的开户资料、双方签订的合同、通话录音、微信记录等。证据显示当天上午9时30分,吕先生向证券公司客服反映系统无法登录,并提供了微信截图,客服回复说目前并未收到大面积的客户反馈无法登录的情况,并不清楚吕先生无法登录的原因,会立刻向公司技术部门反映相关情况。同时,客服表示,吕先生如果着急,可使用电话委托进行交易。

调解员随后与证券公司确认,当日是否有其他客户有过类似投诉或者咨询。证券公司查询后,表示确有部分用户反映过系统存在故障,可能与系统升级有关。但证券公司认为即使存在故障,当天下午1时故障已经被修复,并展示了当天公司其他客户通过交易软件成功交易股票的记录。即使因为交易软件故障导致了交易失败，在双方当时签订的开户合同中也将此种情形作为免责条款进行了列明。

调解员认为在系统故障发生后，客服及时和客户沟通并建议客户进行电话委托，基本尽到了合同义务。但作为服务提供方，证券公司对交易系统运行的安全、通畅负有相应义务，软件故障虽系技术原因导致，但也属于证券公司未能履行义务的后果，并且免责条款是否合理也有待论证，故证券公司对系统故障应承担一定的责任。

最终，经过进行较长时间的沟通，吕先生也认识到自己主张的损失没有充分的依据。在证券公司已经及时告知吕先生可采用其他方式委托交易的情况下，当天软件故障并没有对交易造成完全无法进行的影响。同时，吕先生在故障排除后的剩余时间并没有提交交易指令，也没有其他证据证明吕先生主张的操作模式及单价指令，故不能认定损失必然或实际发生。在互相让步的基础上，双方很快达成了一致意见，纠纷顺利解决。

四、案例启示

1. 证券交易委托方式有多种，除柜台交易外，还有自助委托的方式，自助委托包括电话委托、磁卡（小键盘）委托、热键委托、网上委托等。在一种方式遇到困难时，投资者可以尝试通过其他方式来及时交易，避免损失。

2. 投资者在交易中遇到问题时，要及时与证券公司进行联系，并保存好录音、聊天记录等，对签订的合约也要认真查看，确保纠纷发生时有据可查。

3. 实践中，很多证券交易代理合同纠纷都是证券公司通知不及时、不到位，或者未解释清楚投资者的疑惑而造成。在此次纠纷中，如果在软件故障解除后，证券公司及时通知吕先生，相信纠纷发生的概率会大大降低。

新股申购需注意　及时缴款保权益

一、案情概述

投资者李先生 2008 年在某证券公司营业部开户,从事股票交易。2020 年 1 月 2 日,李先生中签新股。当日上午 10 时,营业部向李先生发送中签短信提示,但李先生由于疏忽未能注意到。当日下午 3 时,营业部客服人员发现李某仍未备足应缴款项,遂致电李先生,对方此时才知道中签事实。电话中,李先生表示自己不会使用手机 App 操作转账,并且记不清银行卡号,剩余缴款时间有限,询问营业部何种缴款方式能较为便捷地查询转账。营业部建议拨打银行电话进行相应操作。李先生拨打后发现对方电话始终处于忙音状态,遂再次致电营业部,表示希望营业部能够协助查询银行账户余额,以便于自己就近在银行网点转账。营业部告知李先生自己无此权限。最终由于剩余时间不足,未能在下午 4 时前完成银行转账,导致缴款失败。

李先生认为营业部存在过错,要求赔偿相应损失。营业部则认为已尽到相关义务,拒绝给予任何赔偿。双方协商未果后,李先生于 2020 年 7 月向中证法律服务中心申请调解。

二、争议焦点

本案争议焦点在于李先生和营业部哪一方未尽到相应义务。李先生认为,自己之前并未发生过资金准备不足的情况,并且之前的缴款都是通过银行柜台操作,并不熟悉其他缴款方式。营业部在剩余缴款时间紧迫情况下,告诉自己通过拨打银行电话方式查询并划转账户资金,该方法无效后仍不愿协助查询银行账户余额,并且如果营业部起初就建议自己直接去银行网点办理,时间上应该也来得及按时缴款,不致最终延误时间,缴款失败。营业部则认为,自己已经第一时间短信告知客户中签消息,由于客户自身疏忽,才导致后面的缴款时间紧迫。同时,在发现客户迟迟未缴款后,营业部已立即致电投资者提醒缴款,如果客户了解其他缴款方式,一小时内应足以完成资金补缴。建议电话银行方式缴款也仅构成营业部的建议,选择何种方式,李先生始终有决定权。此外,营业部无权查询投资者银行账户余额,李先生的要求不具有合理性。

三、调解过程

调解开始后，调解员首先同双方梳理了案情，并就双方陈述内容核实了相关证据，包括投资者收到中签通知短信及时间、营业部客服致电投资者通话录音、投资者银行账户流水等。双方对证据效力均不存在质疑，争议焦点锁定在营业部是否已履行了应尽义务，从而可以对投资者的潜在获利机会免责。

鉴于双方在调解过程中情绪较为激动，调解员决定采用“背对背”调解方式。调解员首先告诉李先生，营业部从短信提示到电话通知，已尽到相应告知义务。而作为投资者，李先生在当天未登录手机交易软件进行查看，对于营业部的短信也未能及时留意，并且对其他必要转账缴款技能缺乏掌握。此外，调解员还从公民个人信息保护及合同法中合同附随义务等角度使投资者知晓，营业部作为投资者和银行间存款关系外的第三方，无权直接查询投资者银行账户资金。李先生本人应当对新股缴款失败的损失承担主要责任。经过调解员的释疑说理，李先生对此基本表示接受。

之后，调解员同营业部说明，投资者由于年纪较大，对移动设备使用不熟练，缺乏必要转账技能亦在情理之中。营业部客服人员直接建议投资者通过电话银行方式查询并转账，并未充分考虑到投资者具体情况，也未在发现该方法行不通后及时建议其他替代办法，在服务过程中存有待改进之处。虽然营业部确实未违法违规，但新股中签，营业部应将“好事办好”，并且该投资者也是营业部老客户，希望营业部能够适当做出让步，给予投资者一定形式的补偿。

最终，经过多轮“背对背”调解，李先生认可了自己的损失赔偿主张没有充分合理依据，而营业部也表示自身在提供服务过程中确实存在有待改进之处。最终，双方达成一致，营业部承诺在以后的服务过程中，适当降低服务佣金，并向李先生提供部分面向高净值客户的特色服务，纠纷顺利解决。

四、案例启示

（一）投资者从事证券交易活动，应当大致了解和掌握交易活动所涉及的基本法律法规及相应操作流程，与证券公司相互信任，建立畅通的沟通关系。投资者应主动关注交易动态，避免因必备技能的缺乏和对交易动态的关注不足给自己带来不必要损失。

（二）证券公司应当进一步优化服务，拓宽通知渠道，提前排查中签未缴款客户，给客户留足资金准备时间。同时,对老客户,着重提升服务人性化程度,进一步增强服务意识,提高服务质量,对年纪较大的客户多一点耐心和换位思考,努力为投资者提供便捷、优质的服务。

适当性要求莫儿戏　买卖双方均有责

一、纠纷概要

投资者李先生于2018年10月在某证券公司认购了10万元A资产管理产品。李先生认为，该证券公司不仅在产品销售过程中没有告知其是净值型产品，而且也没有对他进行任何风险评估。后因该产品净值下跌，李先生产生较大投资损失，在与证券公司沟通无果后，遂于2020年8月向中证资本市场法律服务中心申请调解，要求证券公司赔偿损失。

二、争议焦点

本纠纷争议焦点在于双方有没有尽到适当性义务。李先生认为，责任在证券公司，其应当赔偿自己损失。而证券公司认为：工作人员在介绍产品时，已明确说明该产品为公司发行的集合资产管理计划；李先生在购买该产品时，工作人员进行了风险揭示并了解客户风险等级；李先生曾在4个月时间内盈利超过4%，并按净值进行了赎回，说明其明确知晓该产品为净值型产品，后期客户再次自主进行了申购；公司认为李先生要求赔偿的原因不是公司适当性问题，而是产品业绩与李先生预期存在差距。

三、调解过程

中证资本市场法律服务中心受理该起纠纷后，迅速组织双方选定调解员进行调解。调解员首先通过“背对背”沟通对双方陈述和相关记录进行分析辨别，对基本事实进行了认定：

（一）投资者本人提供的《客户投资风险承受能力测试》显示只有客户签字，具体测试内容没有作答；而公司留存的版本则内容齐全。再加上双方陈述，可以认定李先生当时仅是签字而没有亲自测试，测试内容由营业部工作人员代为填写。

（二）李先生于2018年10月前往该证券公司现场开户，开户后自行认购A产品10万元，2019年2月自行赎回该产品，其间盈利4.015%；2019年3月，李某通过互联网客户端又自行认购该产品10.4万元，并一直持有。根据以上情形认定，李先生知悉该产品净值型产品属性。

认定基本事实以后,调解员明确指出双方存在的问题,并对双方进行了耐心调解。证券公司在销售产品时,未严格遵守投资者适当性管理和实施指引有关规定,应承担相应过错责任。李先生对自身风险承受能力应有相应的认识,不重视风险测评,在空白测评签字,也存在明显过错。

经过耐心调解,双方都认识到自身错误,公司愿承担部分损失,并承诺在开放期内协助客户进行产品转让,李先生也同意这一解决方案。在调解员反复沟通后,双方都接受了以调解前一交易日产品净值计算的亏损额减去李先生前期分红等投资所得,再由双方按过错比例承担的补偿方案。最终,双方签署调解协议,纠纷得到妥善解决。

四、案例启示

投资者适当性制度已经是我国资本市场的一项基础制度。中国证券业协会早在 2012 年就发布了《证券公司投资者适当性制度指引》。证监会 2017 年制定的《证券期货投资者适当性管理办法》对机构的适当性管理义务作了更详尽的规定,该规定在 2020 年进行了修正完善。2019 年修订的《证券法》第 88 条明确规定了投资者适当性管理的相关内容,这也是投资者适当性管理首次出现在《证券法》中,投资者适当性管理有了法律层面的制度保障。

证券公司在业务开展过程中,应严格按照相关法律法规要求对投资者和相关产品、服务进行全面评估,向投资者如实告知投资产品和服务的潜在风险,将合适的产品和服务提供给合适的投资者。而投资者在购买产品或者接受服务的时候,也应当按照要求如实提供相关信息,购买适合自己的产品和服务。

期货公司开展业务 居间管理需要加强

一、案件概要

某期货营业部客户张女士向中证资本市场法律服务中心反映,其于2019年12月通过添加微信的方式与自称专家投资人的王某建立联系,王某称通过专家授课、名家喊单的方式可协助张女士实现账户资金翻倍的目标。经王某推荐,张女士通过网络开立了期货公司账户,在毫无期货相关操作经验的情况下,先后投入30万元资金进行期货交易。

在王某的操作指导下,张女士不仅没有盈利还亏损严重,经与期货营业部沟通才知晓王某并非营业部员工,而是居间公司人员,交割单据显示账户亏损6万多元,手续费4万多元。张女士认为,期货公司和居间公司通过欺诈方式,引诱客户开户入金,赚取高额手续费,要求期货营业部和居间公司共同承担期货交易造成的损失并返还多收取的手续费。

二、主要争议

张女士称整个期货交易过程由居间公司工作人员对自己进行操作指导,但她并不知道其不是期货营业部工作人员,要求期货营业部与居间公司共同承担赔偿责任。期货营业部认为在网络开户过程中,营业部已进行了相关的期货交易风险揭示、居间人身份信息及禁止行为等内容的告知,张女士通过网络进行的每一步操作视为已知晓相关事宜。居间公司认为,每一笔交易都是由投资者自己操作的,工作人员只是向投资者提出交易建议,不应该为投资者损失承担责任。

三、调解过程

中证法律服务中心调解员介入该案调解后,首先,耐心聆听张女士对事情经过的详细叙述并仔细查阅其证明材料,向张女士解释居间人和期货公司的关系。根据最高人民法院《关于审理期货纠纷案件若干问题的规定》第10条的规定,居间人应当独立承担基于居间经纪关系所产生的民事责任。因此,本纠纷中若是居间公司有过错,其应该独立承担法律责任。具体到期货公司的行为,根据期货营业部提交的相关证据材料,调解员认为在开户过程中期货营业部向张女士介绍了居间人情况,在风险提示方面也已履行了告知义务,期货公司的行为没有瑕疵。

其次,调解员向期货公司阐明,虽然目前对居间人的管理缺乏相关的法律规定,期货公司与期货居间人也没有隶属关系,但期货公司在发展居间人的时候,与居间人之间是有合同关系的,应当基于合同关系对居间人进行合规管理。

最后,调解员向居间人阐明:第一,根据《期货公司监督管理办法》第75条规定,期货公司及其从业人员从事期货投资咨询业务不得向客户作获利保证,而本纠纷中居间公司工作人员的部分言语有向张女士承诺收益的倾向,容易对张女士产生误导;第二,根据2018年《上海期货交易所违规处理办法》第20条的规定,禁止期货公司会员诱导、强制客户按自己的意志进行交易,从投资者提供的聊天截图来看,居间公司工作人员的部分言语有引导投资者按其意志交易的倾向,因此,居间公司工作人员部分行为有违职业规范,居间公司应承担主要责任。

经过调解员的耐心调解,最终三方达成一致意见。期货公司承诺加强对居间人的业务监督,居间公司表示愿意承担相应责任并对张女士进行补偿。张女士心结得以打开,纠纷最终圆满解决。

四、案例点评

1. 期货公司应加强自身的内控管理,增强合规风控意识,强化内部控制,切实提高规范运作水平。

2. 居间公司是期货市场发展不可或缺的因素,居间公司对客户资源的有效开发保障了期货公司的生存和发展。但居间公司需加强合规管理,在开展业务时,应主动向客户明示居间人身份,不以所签约期货经营机构或其正式员工的名义对外开展业务,不夸大或虚构交易业绩诱导客户出资等。

3. 投资者在进行证券期货交易前应加强金融知识的学习,通过正规的金融机构进行资金操作,知晓自身权利义务,不盲目追求高收益,以理性、谨慎的心态参与市场投资。

销售产品须谨慎 承诺收益不应该

一、纠纷概要

投资者王女士于2020年3月23日经某证券公司投资顾问李某介绍，认购了30万元某ETF基金。购买后基金净值一直下跌，至王女士当年4月29日卖出该基金，已造成较大本金损失。王女士以李某在推介时向其承诺收益为由，要求该证券公司向其赔偿认购费、基金净值损失、每月20%承诺收益和为了验证该基金股票持仓情况自行买卖股票的损失。双方多次自行沟通未能达成和解，遂于2020年5月向中证资本市场法律服务中心（以下简称法律服务中心）申请调解。

二、争议焦点

本纠纷争议焦点在于李某销售、王女士购买该基金的行为是否适当，王女士的损失是否该由证券公司进行赔偿。王女士认为，自己并不了解该基金的风险情况，李某向其承诺每月20%收益是其购买的主要原因，自行买卖股票也是为了验证该基金的股票持仓情况，所以造成的损失应该由证券公司进行赔偿。而证券公司认为，从系统记录看，王女士风险承受能力与该基金风险等级相匹配，李某则表示已通过微信和电话向王女士充分介绍了产品信息并进行了风险揭示。投资者自行买卖股票造成的亏损更不应该由公司赔偿。

三、调解过程

法律服务中心受理该纠纷后，迅速组织双方选定调解员进行调解。调解员通过背对背沟通听取双方陈述，并对双方陈述和相关记录情况进行分析辨别，对基本事实进行了认定。

第一，证券公司交易系统显示，王女士风险承受能力与该基金产品风险等级相匹配。李某表示通过微信和电话向王女士充分介绍了产品信息并进行了风险揭示，但过程并未留痕。

第二，投资者一直购买风险和收益较低的理财产品，从来没有购买过股票型基金等风险等级相对较高的产品。

第三，李某与王女士之间的微信聊天记录显示，李某确实向王女士表示之前推荐给其他客户时该产品盈利 41%,比其他理财产品收益高很多倍,让她不用担心。

认定基本事实后,调解员向双方明确指出各自存在的问题,并对双方进行了耐心调解。最终,证券公司同意补偿王女士部分损失,王女士也同意在补偿金额上作出让步,双方签署调解协议,纠纷得到妥善解决。

四、案例启示

我国现行法律法规和证券期货监管规则对证券公司代销公募基金等金融产品的行为作了明确、具体规定。《证券法》第 88 条规定:“证券公司向投资者销售证券、提供服务时,应当按照规定充分了解投资者……充分揭示投资风险;销售、提供与投资者上述状况相匹配的证券、服务。投资者在购买证券或者接受服务时,应当按照证券公司明示的要求提供前款所列真实信息。”《证券投资基金法》第 99 条规定:“基金销售机构应当向投资人充分揭示投资风险,并根据投资人的风险承担能力销售不同风险等级的基金产品。”第 104 条规定:“基金投资顾问机构及其从业人员……不得以任何方式承诺或者保证投资收益……”除此之外,《证券投资基金销售管理办法》、《证券期货投资者适当性管理办法》、《证券公司代销金融产品管理规定》及 2020 年 10 月 1 日起施行的《公开募集证券投资基金销售机构监督管理办法》也明确作出了基金销售不得预测投资业绩、承诺收益或承担损失、违规保证,应充分揭示风险、确保投资者和产品服务相匹配等相关规定。

适当性管理的核心要义是“卖者有责,买者自负”。证券公司在开展金融产品销售业务过程中,应加强内部管理,强化员工合规意识,严格按照相关法律法规要求,对投资者和相关产品、服务进行全面评估,向投资者如实告知产品和服务的潜在风险。对于投资者年龄较大、投资经验较少等特殊情况,可以在推荐产品时建议投资者重新进行风险测评,并保留好相关记录。投资者应当充分了解产品的潜在风险,正确理解和对待风险与收益之间的关系,准确认识自身风险承受能力,购买适合自己的产品和服务。

“条件单”功能多　使用前需了解

一、纠纷概要

某期货公司客户何先生反映,其近期进行期权交易设置了云止盈单(条件单),却发现交易软件将其几笔委托以跌停价成交,造成亏损。何先生强调其并非第一次使用该功能,之前未曾出现该问题,向期货公司反映却未获得合理解释。何先生遂提起纠纷调解申请,要求公司赔偿相应损失。

二、主要争议

何先生认为自己相关设置无误,交易软件未按设置条件进行交易造成了损失,期货公司未能给出合理解释,应赔偿自己损失。期货公司认为,已对投资者进行了充分的风险揭示,该软件为投资者自行操作,其不应承担赔偿责任。

三、调解过程

调解员首先向期货公司详细了解何先生的交易情况。期货公司反馈,何先生使用公司提供的第三方下单交易软件设置了止盈单,并将止盈委托价格设定为市价。该交易软件定义的市价委托下单是指买入时以涨停价、卖出时以跌停价委托下单。止盈单的相关说明及风险揭示在操作界面均可点击查看,且《期货交易风险说明书》《第三方交易下单软件特别风险提示》均详尽地向何先生提示了期货交易及行情软件使用的风险,何先生也签字确认了,因此相关损失应由何先生自己承担。

向期货公司了解相关情况后,调解员又耐心倾听何先生的想法和对事情经过的补充说明。经多次沟通,调解员了解到何先生的心结在于,其10月16日输入了止盈价格1630元,软件却未按照其1630元的指令价格成交。何先生强调,目前已无法查询到交易软件相关记录,更加印证交易软件存在问题。就此,调解员让期货公司重新调取何先生的交易日志。经查询,何先生确实在10月16日输入了止盈价格1630元,但止盈价格实为止盈单的触发价格,即1630元只是系统确认是否发出委托的依据价格,委托时系统还是会按照何先生设置的市价委托形式下单,成交价最终由交易所撮合成交结果决定。另外,何先生可在交易软件的已触发列表中查看相关记录。由此可见,何先生不仅对止盈价格的理解存在偏差,且自身对交易软件的具体操作也不够熟悉。

最后,调解员重新向何先生解释止盈价格的实际含义,同时告知他,经其签字确认的《期货交易风险说明书》规定,“由于投资者自身未充分了解期货交易及行情软件的实际功能、信息来源、固有缺陷和使用风险,导致对软件使用不当,造成决策和操作失误的,应由本人承担相应损失”。何先生对此表示认可,不再追究期货公司责任,纠纷最终得以妥善解决。

四、案例启示

期货行情瞬息万变,投资者难以做到时刻盯盘。条件单的出现无疑在一定程度上解放了投资者。随着条件单日渐深受投资者的青睐,很多第三方软件商也纷纷上线了自己的云条件单系统,功能可谓五花八门。实践中,经常出现投资者忘记自己设置了条件单而怀疑期货公司擅自平仓,或不了解条件单的设置规则而认为期货公司系统故障等情况。

在此,投服中心提醒投资者在关注条件单带来便利的同时,应提前了解相关规则及存在风险,谨慎使用条件单相关功能。就期货公司而言,除了向投资者做好第三方下单交易软件的风险揭示,还应就第三方下单交易软件的相关使用问题做好咨询解答。在本次纠纷中,正因为期货公司工作人员最初的不重视,对何先生提出的疑惑未逐一回应,才导致何先生的误解和索赔。建议期货公司在向投资者解释问题时,不能敷衍了事,草草应对,对投资者反映的问题应主动核实、及时回应,只有认清问题、找到症结,才能从根本上化解矛盾。

期货居间纠纷多　独立判断是关键

一、纠纷概要

投资者张先生于2019年通过A居间公司介绍在B期货公司处开立了期货账户。开户后，张先生按照A居间公司工作人员买入卖出指令进行期货交易后产生了严重亏损。投资者认为B期货公司与A居间公司联合诱骗其进行期货交易，造成了损失，遂向中证资本市场法律服务中心山西调解工作站（以下简称调解工作站）申请调解，要求B期货公司赔偿损失。

二、争议焦点

本纠纷争议焦点在于：（1）在投资者开户过程中，B期货公司是否严格执行适当性相关规定，是否履行必要的风险揭示和告知义务；（2）B期货公司是否存在与A居间公司合谋对投资者诱导交易的行为；（3）B期货公司是否根据居间协议约定对A居间公司的行为进行约束。

三、调解过程

接到该调解申请后，调解工作站按照中证资本法律服务中心的调解规则，在征询B期货公司调解意愿后，由纠纷双方当事人选定3名调解员正式开展调解工作。鉴于A居间公司与本纠纷的关联性，经纠纷双方当事人同意，并征询A居间公司意见，调解工作站将A居间公司增列为本纠纷当事人。

经调解员研判，本纠纷呈现以下4个特点：一是在本纠纷发生时，期货居间业务缺乏刚性约束；二是本纠纷涉及三方主体，B期货公司与A居间公司均认为自身无须承担赔偿责任，且B期货公司已依约对A居间公司完成返佣，无法对A居间公司的行为继续进行约束；三是投资者情绪激动、态度强硬，且要求惩罚性赔偿；四是本纠纷发生于疫情期间，缺少面对面沟通的现实条件。

为了化解该纠纷，调解员先后5次通过中证资本市场法律服务中心的在线调解系统与投资者进行了远程视频沟通，从向投资者了解纠纷过程及本人诉求开始，循序渐进地了解投资者的投资史、解答投资者本纠纷项下刑事诈骗、民事欺诈、亏损金额3倍惩罚性赔偿无相关法律依据等问题，并告知其诉讼可能会出现的法律后果。对投资者既动之以情,表明调解工作站保护投资者合法权益的立场,消除投资者对立情绪,又晓之以理,从法律角度就纠纷性质和各种维权途径利弊进行了详尽的分析。

最终三方达成共识:一方面,A居间公司存在违规不当行为,应对投资者的损失承担赔偿责任;另一方面,投资者具有多年炒股经验,对证券期货市场的风险性有最基本的认知,故其跟单操作存在相应过错,另外,投资者关于惩罚性赔偿的主张,于法无据,即使未来走向诉讼,其结果也未必乐观。基于以上共识,投资者态度有所缓和,最终同意了B期货公司和A居间公司共同提出的和解方案。

四、案例启示

近年来,调解工作站遇到的期货纠纷多是由期货居间人诱导开户、喊单指导交易等超越居间本身的行为所引发。期货居间行业长期缺乏高阶法规规制,亦无全国统一的自律管理规则。与此同时,期货公司对居间人的规范管理约束力有限,居间人的违法成本低。为避免此类纠纷继续发生,有必要从以下两个方面着手进行优化:

一是继续强化"买者自负"的投资者教育。投资者在进行市场投资时应多一分谨慎,切勿盲目听信任何人的"荐股"或者"喊单"。通过加强投资者风险警示教育,引导投资者理性分析,独立思考,理性投资。

二是继续完善我国期货市场监管法律制度。如上所述,相关制度漏洞往往是期货居间公司纠纷出现的重要原因,市场亟待相关成文法律的公布实施来填补制度空白。可喜的是,监管部门已经意识到了相关问题,正在加紧完善期货市场监管法律法规,其中,中国期货业协会于2021年9月10日发布并实施《期货公司居间人管理办法(试行)》,期货法的立法工作也在稳步推进。

期货交易莫着急 软件功能先熟悉

一、纠纷概要

近日，法律服务中心收到了投资者张先生的期货交易纠纷调解申请。张先生反映其在某期货公司开立的期货账户在本人未操作的情况下，自行开仓买入了10手鸡蛋2007合约。张先生认为，该笔开仓操作为某期货公司在其不知情的情况下私自进行，要求该期货公司给出合理解释。

二、调解过程

接到调解申请后，法律服务中心调解员与某期货公司沟通，希望其从技术层面核实这一交易的实际情况。对此，某期货公司积极配合并组织了其信息技术部和交易系统开发商对张先生账户操作情况及交易系统使用情况进行排查。经核查，张先生名下期货账户“买入开仓10手鸡蛋2007合约”操作所使用的IP地址、MAC地址与其过往操作账户时常用的IP地址、MAC地址均为同一地址；经交易系统开发商查看客户操作日志内的数据确认，张先生在2020年2月11日对账户内鸡蛋2007合约10手进行平仓时使用的是“反手”菜单。所谓“反手”，是指投资者将现有的仓位平仓的同时，开仓一个数量相同但方向相反的仓位。故张先生当时点击“反手”进行操作后，对其账户内10手鸡蛋2007合约进行了平仓，同时开仓了方向相反的10手鸡蛋2007合约。由此可确定张先生账户内“买入开仓10手鸡蛋2007合约”确实为其本人操作，造成此事件的主要原因为投资者不了解“反手”功能操作原理导致误操作，并非某期货公司私自操作。

在上述事实调查清楚后，调解员适时组织张先生和该期货公司通过法律服务中心的在线调解系统进行远程视频沟通。视频期间，调解员一方面积极安抚张先生的激动情绪，引导其进行理性维权；另一方面要求该期货公司出示证据以逐一证明其主张的事实，并向张先生详细讲解“反手”功能键的操作原理。为了避免再发生类似情形，调解员建议张先生未来在使用任何交易软件前均应先仔细阅读交易软件说明书。最终，张先生对该期货公司核实的情况及处理结果表示理解、认可，调解成功。

三、评析与启示

(一)期货公司应进一步加强投资者教育

投资者参与期货交易的重要载体是不同类型的期货交易软件,如何正确使用交易软件是投资者在交易前需要重点了解和学习的内容。期货公司应采取灵活多样的方式向投资者说明交易软件、终端设备的基本功能、个性化要求,重点揭示使用局限性,避免投资者因终端设备和交易软件误操作导致投资损失。

同时,期货公司应保障投资者咨询渠道的畅通,在营业网点、官方网站、交易软件等多种渠道展示期货公司咨询电话、营业部咨询电话、在线客服等信息,最大限度地保障投资者能第一时间联系期货公司客服人员或客户经理对软件操作事宜进行咨询。

(二)投资者应提高交易软件学习主动性

投资者应理性投资,除了解期货市场交易基本知识外,在使用交易软件前还应主动学习、详细了解软件各项功能运行原理及操作方式,对不了解或尚未完全掌握的功能菜单不轻易尝试使用。

(三)纠纷处理应在核查事实的基础上耐心解释

目前,涉及交易软件的纠纷已成为常见调解案件类型,期货公司在处理该类纠纷时要注意:一是要避免主观臆断,应及时组织期货公司有关信息技术人员与相应的软件开发商仔细核查、逐步取证以落实投资者交易客户端软件操作方式,通过系统后台数据合理推演投资者操作轨迹,从而有针对性地找出投诉争议原因,是交易软件本身问题还是投资者软件操作问题;二是处理问题要及时,期货市场行情瞬息变化,期货公司应在查明原因后及时采取对策并与投资者进行沟通,将投资者损失及双方权责界定在一定范围内,避免因时间延迟、行情变化进一步扩大交易损失,增加处理难度。

追保通知不一致　交易穿仓谁买单?

一、案情简介

2019年12月,客户李先生通过互联网在A期货公司开户。2020年3月9日开盘,李先生持有的多单合约由于行情波动较大,账户盘中交易所风险率大于100%,A期货公司通过短信平台向李先生发送追保通知,要求补充保证金至少20万元。当日结算前,A期货公司为防止该客户期货账户可用资金超过负10万元引发重大保证金缺口预警,工作人员通过电话通知客户至少追加5万元保证金。当日结算后,李先生账户风险率大幅提升,A期货公司通过交易系统向李先生发送了交易结算单附追保通知,通知追加保证金25万元。同时发送短信通知客户追加保证金,并告知客户可通过中国期货市场监控中心和公司交易系统查看。

3月10日开盘前,李先生追加5.6万元,未按照结算单要求的金额足额追加保证金,A期货公司再次联系客户要求至少再追加5万元,李先生未同意。开盘后,A期货公司以当日跌停价挂单全部成交,李先生账户穿仓2万元。

穿仓后,李先生称自己不懂期货基础知识及交易,开户时填写的适当性材料随意勾选,部分信息不真实,主要是为了尽快开户交易,主张A期货公司存在适当性管理瑕疵,应当担责。同时,李先生主张A期货公司因追保通知错误应当承担穿仓损失。A期货公司不认可,拒绝为客户承担穿仓损失。

二、主要争议

(一)李先生提供虚假信息,A期货公司是否可豁免适当性瑕疵的责任?

(二)追保通知信息不一致,A期货公司是否对强平承担责任?

三、调解过程及结果

争议一:调解过程中,调解员查看了李先生与A期货公司签订的《期货经纪合同》、开户资料和适当性资料并结合相关法律法规,认为A期货公司在适当性管理中已经履行了应尽职责。

根据《期货市场客户开户管理规定》(2012年)第8条、《期货经营机构投资者适当性管理实施指引(试行)》(2017)第6条,投资者对其提供的信息和证明材料的真实性、准确性、完整性负责,并配合经营机构进行适当性评估、分类及匹配管理。因此,李先生在开户及配合办理适当性时,有义务向 A 期货公司提供真实、准确的信息。

根据最高人民法院发布的《全国法院民商事审判工作会议纪要》第 78 条,"因金融消费者故意提供虚假信息、拒绝听取卖方机构的建议等自身原因导致其购买产品或者接受服务不适当,卖方机构请求免除相应责任的,人民法院依法予以支持,但金融消费者能够证明该虚假信息的出具系卖方机构误导的除外"。

调解员认为,李先生应当对提供虚假信息造成的不匹配后果承担责任。李先生对此表示认可,并不以此要求 A 期货公司承担赔偿损失。

争议二:调解员认为,A 期货公司前后追保通知不一致,存在服务瑕疵。期货公司向客户追加保证金的根本目的是帮助客户控制账户持仓风险,但 A 期货公司工作人员两次电话分别要求追加 5 万元保证金,与根据客户账户交易风险测算得出的追保金额 25 万元差异较大。经核实,根据中国期货市场监控中心的保证金管理要求,客户保证金账户连续两个交易日超过负 10 万元会引发重大保证金缺口预警,将影响期货公司的监管分类评价。工作人员从期货公司利益角度出发进行了至少追加 5 万元的电话追保通知,因此造成电话与短信通知追保金额不一致,客户产生了误解。同时,调解员认为,李先生在追加保证金中存在回避态度,并且未按合同约定及时查看交易结算报告,导致未能及时足额追加保证金,存在过错。

基于以上事实,调解员建议 A 期货公司对穿仓损失承担 60% 的责任,李先生承担 40% 的责任,得到双方认可,本案调解成功。

四、案例评析

期货公司应加强风控人员的专业培训、职业道德培训,完善交易风控流程,提高风控人员的专业能力,建立成熟的话术体系,规范标准追保流程。

投资者在从事证券期货交易时应如实提供适当性信息,否则将承担适当性不匹配的相应责任。同时,投资者应按照合同约定及时查看交易结算报告,关注自己交易账户的持仓头寸、风险率及可用资金等信息,保持投资理性,谨慎决策,对自己的交易行为负责。

办理展期引纠纷　公告信息莫忽视

一、案情概要

投资者张先生 2019 年 3 月通过 A 证券公司(以下简称 A 公司)开通了融资融券账户,并用该账户购买了一只 ST 股票。2020 年 3 月 18 日融资融券合约即将到期,张先生通过 A 公司的手机 App 成功提交了展期申请,但 A 公司迟迟未告知是否予以展期,反而继续每天给其发送“持有的合约即将到期,到期后,投资者可以进行偿还或提出展期申请”的通知。张先生致电询问原因,A 公司才告知,根据公司最新规定客户持有的 ST 股票融资融券合约无法办理展期。张先生不认可,认为双方签订的合同并未约定持有 ST 股票合约无法办理展期的事项,并且其根据公开信息综合判断自己持有的这支 ST 股票预计将在 2020 年 4 月“摘帽”,A 公司不予办理展期不合理。僵持中,投资者拒绝主动偿还融资款,A 公司于合约到期后采取强制卖券还款方式了结合约,最终导致投资者损失逾 10 万元。双方经过多次协商,均无法达成一致意见,遂提交调解。

二、主要争议

投资者认为:双方签订的合同中未约定持有 ST 股票无法办理展期,并且在收到了 A 公司发送的办理展期的通知信息后已按要求提交了展期申请。如果 A 公司认为其持有的合约不符合展期条件,应直接发送合约即将到期了结的通知。

A 公司认为:根据合同约定,公司享有综合评估投资者状况并以此判断投资者融资融券合约是否符合展期条件的权利,故公司的做法合法合规。

三、调解过程

调解员首先向 A 公司了解纠纷的相关情况,A 公司表示:2020 年 3 月 5 日其已经通过公司官网发布《关于调整融资融券合约展期申请条件的公告》,明确告知“自 2020 年 3 月 10 日起风险警示类股票(ST,*ST 股票)合约不允许展期”。此外,双方签署的《融资融券业务合同》条款也明确规定:“融资合约到期前,甲方可以向乙方提出展期申请,乙方根据甲方的信用状况、负债情况、维持担保比例水平、持仓情况、已展期的次数、适当性匹配、年龄等因素,决定是否同意甲方的申请”。由于投资者张先生申请展期合约为 ST 股票,不符合公司公告的展期条件,故经过综合判断,A 公司未同意该笔合约的展期。

调解员随后与投资者张先生进行了联系,张先生向调解员展示了 A 公司向自己发送的短信通知,短信内容明确表示:到期后,投资者可以进行偿还或提出展期申请。投资者由此合理推断,其有权就偿还和展期进行二选一。同时,投资者的合约 3 月 18 日到期,A 公司 3 月 5 日发布公告调整展期条件,时间较短,投资者无法筹措到足额资金进行偿还。

在详细了解双方的理由和诉求后,一方面,调解员从法理上跟投资者沟通,投资者根据短信内容是可以选择偿还或者申请展期,但依据合同条款,展期申请通过与否是由 A 公司决定的。此外,调解员还向投资者展示了相似案件的法院生效判决,表明司法实践中法院均倾向于认可合同相关内容。另一方面,调解员从情理上跟 A 公司沟通,公司在发布公告和发送短信通知上,确实存在不合理的地方,并没有站在投资者的角度去思考问题、提供服务,造成了投资者的不便。

经过调解员的耐心沟通,双方均认识到了自身的问题,投资者主动放弃本次的损失赔偿要求,A 公司则表示将为投资者后续业务提供更优质的服务,同时公司将吸取教训,改善工作流程,提升客户体验,至此纠纷得到圆满解决。

四、案件启示

1. 投资者在办理融资融券业务时,一定要仔细阅读合同内容,明确知悉双方的权利义务,在合法维护权益的同时,遵守交易规则,自觉承担投资风险。办理融资融券展期业务时,要提前关注机构方发布的相关公告内容或者电话咨询机构展期条件,合理决策。

2. 机构方开展融资融券业务时,需做好风险揭示,审慎选择合格投资者。展业过程中,涉及投资者利益的重要事项发生变化应及时履行通知义务、充分提示风险。机构方在日常工作中应站在投资者的角度思考问题,根据业务政策变化,区分不同投资者类型,对应调整通知内容。

第二节 《证券法》下投资者如何维权

《证券法》中董监高对信息披露的"保真"义务

近期，有一家上市公司披露 2019 年年报，公司在任的全体董监高（包括 5 位董事、3 位监事和 4 位高级管理人员）均发表异议声明，称无法保证公司年度报告的真实、准确、完整，并不同意承担个别或者连带责任。投资者看到新闻时或有疑问，上市公司董监高如果发表了"不保真"的异议声明，是否就免除了自身责任呢？答案是否定的，上市公司董监高发表"不保真"的异议声明，不代表已勤勉履行职责，不等于其可以免除责任。

2019 年修订的《证券法》增加了第 82 条第 4 款，也有人将其称为董监高"异议免责条款"。该款规定："董事、监事和高级管理人员无法保证证券发行文件和定期报告内容的真实性、准确性、完整性或者有异议的，应当在书面确认意见中发表意见并陈述理由，发行人应当披露。发行人不予披露的，董事、监事和高级管理人员可以直接申请披露。"对于上述规定，应当理解为对第 82 条原有第 1、2、3 款的补充，是对董监高投反对票时的披露要求。董监高对公司的年度报告具有强制保证义务，源于《证券法》及相关规则的强制性规定。

根据《证券法》第 82 条第 1、2、3 款"发行人的董事、高级管理人员应当对证券发行文件和定期报告签署书面确认意见。发行人的监事会应当对董事会编制的证券发行文件和定期报告进行审核并提出书面审核意见。监事应当签署书面确认意见。首先，发行人的董事、监事和高级管理人员应当保证发行人及时、公平地披露信息，所披露的信息要真实、准确、完整"，董事、监事、高级管理人员首先应依规召开会议，审议相关文件，并签署书面确认或审核意见。其次，签署书面确认或审核意见，即意味着保证信息披露的真实、准确、完整。最后,董监高如有异议,应当充分履行信义义务,在书面确认意见中就应发表。换言之,做好定期报告等编制、审议和披露工作,是上市公司董监高的法定义务。上市公司董监高对年度报告行使异议权,并不当然免除其勤勉尽责义务。

从广大中小投资者更易理解的后果角度来看,如董监高发布披露但不保证真实性的声明,即可免除勤勉尽责义务,那未来市场中必然会充斥类似行为,信息披露制度和董监高信义义务将不复存在。

信息披露制度是证券市场的基石。2019年修订的《证券法》施行前后,个别公司董监高出于免责考虑所作出的"不保真"的异议声明,显然违背了信息披露的基本原则,破坏了信息披露秩序,最终会受到监管机构的依法严肃查处。

证券纠纷特别代表人诉讼流程解析

自2019年修订的《证券法》实施以来，社会各界对“明示退出，默示加入”的中国特色证券集体诉讼充满了期待，许多投资者致电投服中心咨询证券集体诉讼如何实施，自己如何参与该诉讼。但由于证券集体诉讼配套实施细则一直没有出台，投服中心只能向投资者耐心解释说明。

配套实施细则千呼万唤始出来

2020年7月31日，最高人民法院《关于证券纠纷代表人诉讼若干问题的规定》（法释〔2020〕5号，以下简称《证券纠纷代表人诉讼司法解释》）、中国证监会《关于做好投资者保护机构参加证券纠纷特别代表人诉讼相关工作的通知》（证监发〔2020〕67号）、投服中心《特别代表人诉讼业务规则（试行）》同日发布，标志着“司法解释＋监管规定＋投保机构业务规则”的规则体系正式建立。证券集体诉讼制度在我国真正落地，有助于降低投资者维权成本，保护投资者合法权益，有效惩治资本市场违法违规行为。

司法解释规定了什么

《证券纠纷代表人诉讼司法解释》共计42条，包含一般规定、普通代表人诉讼、特别代表人诉讼和附则4个部分，系统规定了代表人诉讼中的立案登记、先行审查、代表人选定、调解协议确认、诉讼审理与判决、上诉制度、效力扩张、执行与分配等重要操作流程。尤其对特别代表人诉讼的集中管辖、启动程序、权利登记、声明退出、投保机构诉讼义务、诉讼费用、财产保全等进行了专门规定，解决了司法实践中的诸多难题。

依据《证券纠纷代表人诉讼司法解释》，证券纠纷代表人诉讼包括因证券市场虚假陈述、内幕交易、操纵市场等行为引发的普通代表人诉讼和特别代表人诉讼。普通代表人诉讼是依据《民事诉讼法》第53条、第54条及《证券法》第95条第1款、第2款的规定提起的诉讼；特别代表人诉讼是依据《证券法》第95条第3款规定提起的诉讼，即投资者保护机构受50名以上投资者委托，作为代表人参加的证券民事诉讼，这是大家最期待的中国特色证券集体诉讼。

特别代表人诉讼流程概览

为方便广大投资者快速了解特别代表人诉讼,投服中心对该类诉讼的基本流程进行了归纳。以投服中心参加特别代表人诉讼为例,基本流程如下:

(1)前置程序。法院已依法就某案件启动普通代表人诉讼并发出权利登记公告,公告期间为30日。

(2)案件选定。投服中心对该案进行预研,若案件已经有关机关作出行政处罚或刑事裁判,案件典型重大、社会影响恶劣、具有示范意义,被告具有一定偿付能力,预研认为有必要参加的,可启动重大案件评估机制。投服中心结合重大案件评估会意见,决定是否参加特别代表人诉讼。

(3)启动特别代表人诉讼。投服中心决定启动特别代表人诉讼的,可以公开征集或其他方式接受50名以上适格投资者特别授权,向法院申请参加特别代表人诉讼。需要注意的是,特别代表人诉讼案件实行专属管辖,由涉诉证券集中交易的证券交易所、国务院批准的其他全国性证券交易场所所在地的中级人民法院或者专门人民法院管辖。因此,先受理的人民法院若不具有特别代表人诉讼管辖权的,应当将案件及时移送有管辖权的人民法院。

(4)向法院登记权利人名单。投服中心依据公告确定的权利人范围向证券登记结算机构调取权利人名单,并向法院申请登记,法院予以登记的,列入代表人诉讼原告名单,并予以公告。

(5)声明退出。投资者不愿意参加该诉讼的,应当在公告期间届满后15日内向人民法院声明退出,法院不再将其登记为特别代表人诉讼的原告,该投资者可以另行起诉。未声明退出的,视为同意参加该代表人诉讼。

(6)诉讼审理与上诉。投服中心按照民事诉讼相关规则,代为收发诉讼文书、提供证据、参加开庭审理等,可视情况向法院申请财产保全,诉讼行为对所代表的所有原告发生效力。投服中心收到裁判文书后,予以公告,并将是否上诉的决定,在上诉期限届满前以公告等形式通知全体原告。投服中心放弃上诉的,原告投资者决定上诉的,应自行向法院提交上诉状。投服中心决定上诉的,原告投资者放弃上诉的,应自行通知一审法院。

(7)调解协议。投服中心作为诉讼代表人与被告达成调解协议草案的,向法院提交制作调解书的申请书及调解协议草案。投资者不同意调解方案的,应依法向法院提交退出调解的申请。

(8)裁判执行。对方当事人拒不履行生效裁判的,投服中心可向法院申请强制执行,并发布公告。

(9)诉讼相关费用。特别代表人诉讼案件不预交案件受理费。投服中心将依法向法院提出减交或免交诉讼费用申请,是否准许由法院决定。投服中心除为开展特别代表人诉讼的必要支出外,不向投资者收取其他费用。

浅谈金融消费纠纷的举证责任分配

2019 年 11 月,最高人民法院发布《关于印发〈全国法院民商事审判工作会议纪要〉的通知》(以下简称《民商事审判纪要》),《民商事审判纪要》针对民商事审判中的前沿疑难争议问题作出明确规定,对于统一裁判思路、合理规范法官自由裁量权、提升民商事判决可预期性意义重大。结合资本市场纠纷化解工作,《民商事审判纪要》第 75 条就金融消费纠纷明确举证责任分配,对指导纠纷调解组织调解有关纠纷、明晰各方责任、推动纠纷有效化解具有重要指导意义。

《民商事审判纪要》第 75 条规定:"在案件审理过程中,金融消费者应当对购买产品(或者接受服务)、遭受的损失等事实承担举证责任。卖方机构对其是否履行了适当性义务承担举证责任。卖方机构不能提供其已经建立了金融产品(或者服务)的风险评估及相应管理制度、对金融消费者的风险认知、风险偏好和风险承受能力进行了测试、向金融消费者告知产品(或者服务)的收益和主要风险因素等相关依据的,应当承担举证责任不能的法律后果。"

应当明确,在我国现行法律体系下,最高人民法院发布的会议纪要并不属于司法解释或其他形式的有权解释,因而不能作为裁判依据进行援引。但在司法实践中,最高人民法院发布的会议纪要对于各级法院的实际判决工作具有重要指导作用。准确把握这一指导性文件的内涵,通过明确的纠纷裁判预期,有助于提升调解这一非诉解决方式的解纷效果,也有助于提升调解工作的专业性和规范性。

从应然的角度出发,举证责任是指纠纷当事人对自己提出的主张有收集或提供证据的义务,并有运用该证据证明其主张的案件事实成立或有利于自己的主张成立的责任,否则将承担其主张不能成立的法律后果。按照我国民事诉讼法的规定,举证责任设置遵循"谁主张,谁举证"的基本原则,仅在特定情况下才适用举证责任倒置。具体到金融消费合同中,投资者个人在面对卖方机构时,无疑在金融、法律知识、维权能力等方面均处于弱势,要求个人投资者举证证明卖方机构违反投资者适当性义务难免失之偏颇。相比以往一直存在的卖方机构作为被告方不应当承担举证责任的观点,在面对个人金融消费者时,要求卖方机构承担举证责任,证明其是否履行了解客户、适当性原则、告知说明和文件交付等适当性义务履行情况等,则显得更加合理,更符合公平原则和诉讼举证的便利性。

从实然的角度看,以证券公司为例,虽然此前对于证券公司投资者适当性规定口径不够统一,但基本均要求证券公司对其投资者适当性制度实施情况做到记载、留痕。例如,《证券公司监督管理条例》规定证券公司应当对其了解的投资者信息以书面和电子形式记载、保存;《证券期货投资者适当性管理办法》规定经营机构通过营业网点向普通投资者进行告知、警示,应该全程录音或者录像,通过互联网等非现场方式进行的,经营机构应当完善配套留痕安排,由普通投资者通过符合法律、行政法规要求的电子方式进行确认。充分利用这些既有规定下形成的行为惯性,要求证券公司等经营机构继续做好投资者适当性有关证明、材料的制作、保存,相较要求个人投资者随时保留有关记录,以免于产生纠纷时因证据材料不足而面临举证不能,无疑更符合我国资本市场保护投资者的价值导向。

具体到调解工作中,该条文为调解工作指明了切实可行的方向。当双方均不能提供充分证据材料来证明责任划分时,调解员便可在充分沟通、了解情况后,阐明该条文内容,借助诉讼中的举证责任分配推动双方启动调解程序,达成和解。

综上,这一条文的明确,统一了司法实践中金融消费权益保护的裁判规则,明确了纠纷调解工作的调解方向,有利于改善以往同案不同判、同案不同调的局面,对于提升金融消费者信心,促进社会和谐均具有重要意义。

2019 年修订的《证券法》关于定期报告披露要求有哪些变化

信息披露是对证券市场监管的重要手段,也是公开原则的重要体现。信息披露义务人披露的信息,应当真实、准确、完整,简明清晰,通俗易懂,不得有虚假记载、误导性陈述或者重大遗漏。信息披露包括定期报告和临时报告,定期报告包括年度报告及中期报告,临时报告是指信息披露义务人按照法律、行政法规等发布的除定期报告之外的公告。其中,2019 年修订的《证券法》对定期报告的披露要求进行了一些重要修改。

1. 披露的主体。原《证券法》第 65 条、第 66 条对定期报告披露要求进行了规定,明确上市公司和公司债券上市交易的公司具有相应的信息披露义务。实践中,非上市公众公司的信息披露也是资本市场信息披露体系中十分重要的问题,《非上市公众公司信息披露管理办法(2021 年 10 月修正)》对新三板挂牌公司披露年度报告、半年度报告及临时报告等进行了规定。2019 年修订的《证券法》将披露主体修改为"上市公司、公司债券上市交易的公司、股票在国务院批准的其他全国性证券交易场所交易的公司",将新三板挂牌公司一并纳入法定信息披露义务主体,进一步强化了新三板市场信息披露的有效性,有利于增强对非上市公众公司投资者的保护。

2. 披露的内容。2019 年修订的《证券法》关于定期报告的另一个重要变化是不再将季度报告列入法定定期报告的范围,主要是考虑年度报告、半年度报告及临时报告已经能够让投资者较为全面、完整地知悉公司的经营管理情况,从减轻公司信息披露成本、减少冗余信息考虑,不再将季度报告作为法定定期报告。若信息披露义务人未按照证监会或证券交易场所的相关规定披露季度报告,则不能再按照 2019 年修订的《证券法》第 197 条第 1 款,即关于未按规定报送有关报告的规定进行行政处罚,但如果信息披露义务人自愿披露的季度报告有虚假记载、误导性陈述或者重大遗漏的,则可以按照第 197 条第 2 款进行处罚。

3. 定期报告的编制。原《证券法》第 65 条、第 66 条对定期报告应记载的内容进行了规定,包括公司概况、公司财务会计报告和经营状况、涉及公司的重大诉讼事项、提交股东大会审议的重要事项等。2019 年修订的《证券法》不再对年度报告、半年度报告需载明的具体内容进行规定,修改为"按照国务院证券监督管理机构和证券交易场所规定的内容和格式编制定期报告",进一步提高定期报告编制的灵活性,增加投资者关心的信息,提升信息的“有用”。实际操作中,信息披露义务人主要是根据证监会制定的规范性文件编制定期报告,同时,交易所的定期报告制作系统也提供了定期报告信息披露的内容指引和校验关系,帮助公司更加完善、准确、规范地完成定期报告披露工作。

2019 年修订的《证券法》中上市公司控股股东、实际控制人的民事赔偿责任归责原则变化

2019 年修订的《证券法》在证券民事赔偿责任方面,从违法主体种类、违法行为种类、承担连带责任的主体和过错推定责任的适用主体等角度进行了修订。特别值得注意的是,将控股股东、实际控制人的赔偿责任归责原则由过错责任变为过错推定责任。

一、新旧规定对比

原《证券法》第 69 条	2019 年修订的《证券法》第 85 条
发行人、上市公司公告的招股说明书、公司债券募集办法、财务会计报告、上市报告文件、年度报告、中期报告、临时报告以及其他信息披露资料,有虚假记载、误导性陈述或者重大遗漏,致使投资者在证券交易中遭受损失的,发行人、上市公司应当承担赔偿责任;发行人、上市公司的董事、监事、高级管理人员和其他直接责任人员以及保荐人、承销的证券公司,应当与发行人、上市公司承担连带赔偿责任,但是能够证明自己没有过错的除外;发行人、上市公司的控股股东、实际控制人有过错的,应当与发行人、上市公司承担连带赔偿责任	信息披露义务人未按照规定披露信息,或者公告的证券发行文件、定期报告、临时报告及其他信息披露资料存在虚假记载、误导性陈述或者重大遗漏,致使投资者在证券交易中遭受损失的,信息披露义务人应当承担赔偿责任;发行人的控股股东、实际控制人、董事、监事、高级管理人员和其他直接责任人员以及保荐人、承销的证券公司及其直接责任人员,应当与发行人承担连带赔偿责任,但是能够证明自己没有过错的除外

从证券民事赔偿责任的角度来看,2019 年修订的《证券法》有四大变化:

其一,增加了违法主体种类。从原《证券法》下的“发行人、上市公司”,拓展至所有的信息披露主体,既包括发行证券的公司、上市公司、股票在国务院批准的其他全国性证券交易场所的公司等 2019 年修订的《证券法》概括指称的“发行人”,也包括其他信息披露义务人。

其二,增加违法行为种类。既包括信息披露文件“存在虚假记载、误导性陈述或者重大遗漏”,也包括“未按规定披露信息”。

其三,增加了承担连带责任的主体。不仅是保荐人、承销的证券公司,其直接责任人员也要承担连带赔偿责任。

其四,增加了过错推定责任的适用主体。不仅适用于发行人的董事、监事、高级管理人员和其他责任人员以及保荐人、承销的证券公司及其直接责任人员,也适用于发行人的控股股东、实际控制人。

二、控股股东、实际控制人赔偿责任归责原则的变化

从目前最为常见的虚假陈述侵权民事赔偿案件的角度来看，2019 年修订的《证券法》的法律依据体现在第 85 条。该条修改值得注意的一点是，控股股东、实际控制人的赔偿责任归责原则由过错责任变为过错推定责任。

资本市场中绝大多数的上市公司控股股东、实际控制人和高管人员遵纪守法，严格遵守资本市场法律法规勤勉履职。具体而言，控股股东、实际控制人赔偿责任的原规定为“发行人、上市公司的控股股东、实际控制人有过错的，应当与发行人上市公司承担连带赔偿责任”，现规定为“发行人的控股股东、实际控制人应当与发行人承担连带赔偿责任，但是能够证明自己没有过错的除外”。

可以看出，其责任承担和证明方式有变化，对投资者追究发行人、上市公司的控股股东、实际控制人的责任是个利好消息。简言之，投资者作为受害者，在诉讼中不需要负担证明发行人、上市公司的控股股东、实际控制人具有过错的举证责任，发行人、上市公司的控股股东、实际控制人除非能够证明自己没有过错，否则就要承担过错责任。

第四章

投服研究

Interests and Rights of Investors

中国香港投资者赔偿基金制度①

在我国证券民事诉讼执行难，民事赔偿责任优先原则落不到实处且投资者救济补偿机制不足的背景下，应综合考虑公共执法能力、资本市场发育程度、实体法规定与专业人士水准等证券法制度移植的综合考量因素，从执法理念、制度功用和机制协调等方面利用后发性立法优势，探索构建我国投资者赔偿基金制度的新模式。各法域对投资者赔偿制度所采用的立法模式主要分为以下几种类型：第一种是专门立法，如美国于1970年制定了《证券投资者保护法》；第二种是在综合性的证券监管立法中涵盖投资者赔偿制度，如我国香港特别行政区2003年修订的《证券及期货条例》中第571章第Ⅲ部第5分部专章规定了其投资者赔偿公司的设立与运作；第三种是证券投资者保护综合立法；第四种是以其他相关法律为依托。本部分主要介绍我国香港的投资者赔偿基金制度。

香港地区1974年颁布的《证券条例》中首次设立了赔偿基金。后来，随着资本市场的发展和投资者结构的变化，香港积极推动投资者赔偿基金制度的改革，设立了"投资者赔偿基金"(The Investor Compensation Fund，ICF)。如何根据资本市场发展状况、投资者结构、证券市场风险变化等因素来调整投资者保护制度的配置与安排，使其发挥最大的效用，香港的经验或许能为我们提供一些思路。根据《证券条例》的规定，在证券交易中，如果投资者因交易所会员经纪违责而受损，可向证券事务监察委员会管理的赔偿基金索赔。赔偿基金的资金来源主要是由两部分组成：一是证券交易所会员就其所持有的交易所席位的供款；二是由投资者支付、由联交所保留的交易征费的总额，超过联交所每个财政年度预算支出的2/3的部分，拨入赔偿基金。从赔偿程序上看，赔偿基金由证监会赔偿基金委员会代表证监会专门管理，联交所负责裁定投资者的申诉是否成立，证监会负责向申索人付款，并以所支付的款额为限，取得对失责主体的代位求偿权。

随着香港联交所买卖的股份市值急速上升和市场成交额的增长，市场上散户买卖活动显著增加。投资者结构的变化和亚洲金融危机的爆发，使香港特别行政区政府广泛修订有关法律条例，建立新的投资者赔偿安排，推动投资者赔偿基金制度的改

① 本部分节选自投服中心2019年度课题《投资者赔偿基金制度研究》研究报告，由吉林大学承办，课题负责人：傅穹；内容有部分删改。

革。2003年《证券及期货条例》设立“投资者赔偿基金”,由投资者赔偿有限公司负责运作,任何国籍投资者在买卖香港交易所产品过程中因持牌中介人或财务机构而遭受损失时,可以要求赔偿基金予以赔偿。在运行机制上,投资者赔偿基金在向受损投资者支付赔偿金后,根据代位求偿权向违责经纪商追偿。在资金来源上,投资者赔偿基金向投资者收取的交易所产品的征费,征费比率是买卖双方各缴纳成交额的0.002%。此外,投资收益也是投资者赔偿基金的重要资金来源,例如,银行利息收入、出售股本证券的现实收益等。在赔付对象上,投资者赔偿基金主要为证券投资中的散户投资者提供保障,机构投资者没有索赔资格,每名投资者的赔偿上限是15万港元。

香港的投资者赔偿基金仍在不断探索与完善之中,但其根据市场发展和投资者结构变化及时调整投资者保护政策的做法,值得我们参考和借鉴。

重大资产重组中涉及的中小投资者权益①

中小投资者权益是指中小投资者依照法律所应享有的权利及其所带来的收益。总体分为股东的权益和交易者的权益，通常包括知情权、收益权、参与决策权、剩余资产分配权、公平交易权等。中小投资者在上市公司重大资产重组中涉及的主要权益包括如下几个方面：

（一）知情权

知情权是投资者依法享有获取证券及其发行人的相关信息的权利，是正确进行投资决策的重要依据，是投资者行使其他权利的前提和基础。上市公司重大资产重组往往涉及资产、业务、业绩等重大调整，大多还会涉及重要估值和资产定价，中小投资者通常无法及时获取这些具体的重要信息，更无法参与估值与定价，控股股东往往利用其对上市公司的控制地位，较为容易获取相关信息并参与甚至主导估值和定价，一旦出现利益冲突，他们就有可能损害中小投资者的利益。

（二）参与权

中小投资者参与上市公司的经营决策，主要是通过参加股东大会行使表决权，参与公司重大事务的决策以及选举董事、监事等来行使的，具体又表现为以下权利：临时提案权、自行召集和主持股东会、出席股东会行使表决权、进行累积投票制以及违法决议撤销权等。重大资产重组是导致公司资产重新配置的重大资本运作行为，它直接涉及股东的权益，往往需要通过股东大会表决才能通过，按照“资本多数决定”原则，一般要取得（绝对）多数才能通过，我国上市公司股权比较集中，中小投资者比较分散，如果控股股东在股东大会上滥用“资本多数决定”原则操纵股东大会，中小投资者很难对不利于其利益的资产重组活动进行修订或者制止。

（三）收益权

收益权是投资者参与资本市场投资可以获取交易差价和股票分红派息收益的权利，但同时也要承担投资发生损失的风险。无论是短期投资还是长期投资，都是其投资收益权的体现。一些上市公司在重大资产重组中“追热点”“炒概念”“讲故事”等方式影响股价非理性运行，可能影响中小投资者收益权。同时，重大资产重组中的

① 本部分节选自投服中心2019年度课题《重大资产重组中的中小投资者保护研究》研究报告，由中国证监会辽宁监管局、辽宁证券业协会承办，课题负责人：柳磊、张光荣等，内容有部分删改。

“高估值、高商誉、高业绩承诺”可能导致业绩承诺不能兑现,补偿不到位,以及高商誉可能会面临持续减值,侵蚀上市公司的资产质量和盈利能力,进而影响中小投资者收益权。

(四)公平交易权

公平交易权是指投资者作为证券交易的参与人,相互间应居于平等的法律地位,享有平等的交易机会与交易条件,公平地获取证券信息,平等地受到法律保护。上市公司重大资产重组过程中,由于控股股东、实际控制人及标的资产相关参与人与中小投资者所掌握的信息量不对等,容易引发内幕交易等现象,进而影响中小投资者公平交易权。

(五)剩余索取权

股东的剩余资产分配权是指股东对公司清算时的剩余资产有分配的权利。当公司破产或清算时,若公司的资产在偿还欠债后还有剩余,其剩余部分按先优先股股东、后普通股股东的顺序进行分配。在上市公司重大资产重组过程中发生的不公允关联交易导致上市公司的净资产减少、盈利能力下降等事项不仅影响中小投资者的收益权,也最终会影响中小投资者的剩余索取权。

(六)损害求偿权

求偿权是建立在发生权益受损前提下的一种权利,它是指因投资者合法投资时受到损害,享有依法获得赔偿的权利,是弥补投资者所受损害的必不可少的救济性权利。目前,我国中小投资者在上市公司重大资产重组违法违规案件中获得赔偿的比较少,少数获得赔偿主要集中在上市公司及相关方信息披露违法违规案件中,其他如不公允关联交易、内幕交易、操纵市场等侵害案件中赔偿救济机制基本上还是空白。